ŒUVRES

PHILOSOPHIQUES

DE SAINT-LAMBERT.

TOME I.

ŒUVRES

PHILOSOPHIQUES

DE SAINT-LAMBERT.

TOME PREMIER.

Ce volume contient l'*Analyse de l'Homme et de la Femme ; de la Raison ou Ponthiamas.*

A PARIS,

CHEZ H. AGASSE, IMPRIMEUR-LIBRAIRE,

RUE DES POITEVINS, n°. 18.

AN IX.

DISCOURS

PRÉLIMINAIRE.

IL faut que l'homme ait acquis bien de l'instruction pour connaître toute son ignorance; il doit en avoir acquis davantage pour juger de ce qu'il peut apprendre un jour, et de ce qu'il n'apprendra jamais. Il n'y a guere de science dans laquelle on ne trouve chez les anciens la prétention de savoir tout, et le malheur de savoir peu : leurs observations et le hasard leur ont fait faire sans doute des découvertes; mais elles ont plus encore exalté leur amour propre qu'éclairé leur entendement. Le tems, qui amene à sa suite des faits nouveaux et des vérités nouvelles, a détrompé sur des systêmes qu'il n'avait point préparés, et les a précipités les uns sur les autres dans le fleuve de l'oubli.

La science de la nature attendait pour se perfectionner des instrumens que le hasard a fait trouver. Le télescope, le microscope, la boussole, la machine pneumatique, etc. etc. , ont dévoilé pour nous le Ciel et la Terre.

Une suite d'expériences, les unes dues à la méditation, les autres amenées par la succession des faits et des siecles, ont fait faire des progrès à la chimie : elle nous apprit plusieurs manieres d'analyser les corps, d'unir, de séparer, de réunir leurs parties, de mêler les substances, de les faire agir les unes sur les autres ; elle nous a présenté, pour ainsi dire, des êtres nouveaux dont nous n'avions pas l'idée. Le tems a perfectionné cet art d'étudier les êtres, et quiconque aujourd'hui observe attentivement la nature, voit tomber quelques-uns de ses voiles.

La science de la morale a fait, comme les autres sciences, des progrès, par le secours d'une multitude de faits long-tems ignorés. On comprend sous le nom de morale deux especes de sciences : celle qui donne la connaissance de l'homme, et celle qui donne les moyens de régler ses mœurs.

La premiere est la base nécessaire de l'autre.
L'homme a été long-tems, comme la nature,
observé légerement, défini sans être analysé, et plus imaginé que connu.

Dans l'état sauvage, l'homme est conduit
par ses penchants, sans avoir l'idée de leur
force, de leur nombre et des passions qu'ils
font naître ; il y a plusieurs passions qu'il
n'éprouva jamais ; il a quelque connaissance imparfaite des qualités de quelques
individus, et bien peu d'idées sur l'espece
entiere.

Chez les peuples qui viennent de former
une société, et où les conventions ont fait
des droits et des devoirs, l'homme se développe un peu davantage. Il reconnaît entre
lui et ses semblables de nouveaux rapports ;
il éprouve des mouvemens et des sentimens qu'il n'avait point découverts en lui-
même. De nouvelles passions naissent dans
son cœur ; il faut apprendre à les satisfaire, à les vaincre, à les modérer, à les
diriger : cette situation donne à son esprit
de nouvelles idées ; mais il faut des siecles
pour apprendre assez les causes différentes

de ses mœurs, et pour perfectionner l'art de les régler.

On resta long-tems à n'avoir que quelques lois, quelques maximes, quelques préceptes, dont l'utilité pût frapper les esprits les plus dépourvus de lumieres : cette morale en maximes sans liaison, était souvent exprimée en emblêmes, dont plusieurs n'étaient entendus que des hommes les plus instruits. C'est ainsi que la morale a commencé chez les Brames, chez les anciens Perses, les Hébreux, les Arabes, les Chinois, etc. On peut remarquer que le nombre des préceptes augmente à mesure que les progrès de la population et de l'industrie, et les nouveaux besoins mettent entre les hommes de nouveaux rapports. Les changemens imperceptibles dans les situations des individus amenent de nouvelles idées sur les devoirs. Il y a loin, pour le sens et pour la quantité, des preceptes hébraïques à ceux des Brames, et surtout à ceux des Chinois.

Cette morale serait souvent d'un faible

secours dans toutes les sociétés où la civilisation et le nombre des intérêts opposés
augmentent, si on ne l'avait presque
toujours unie aux idées religieuses. Il n'y
a presque personne encore dans ces sociétés
qui soit en état de se conduire d'après les
lumieres d'une raison éclairée ; il faut alors
nécessairement que la morale parle à l'imagination : étonnez par du merveilleux,
maîtrisez par des menaces ou des promesses, passionnez enfin ceux que vous ne
pouvez convaincre.

Quelques philosophes, pénétrés de cette
vérité, ont fait de leur système moral une
espece de religion. La philosophie de
Pythagore est une théologie : elle prononce
moins des leçons que des oracles ; et c'est
parce que cette philosophie était une religion qu'elle fit d'abord un si grand nombre
de disciples, qui furent zélés jusqu'à l'enthousiasme, et même jusqu'à l'intolérance.

Il est certain que cette idée que nos
peres sont des images de cet être créateur
qui veut le bien des hommes et leur impose la vertu, devait ajouter au respect,

à l'amour filial et à la force de l'éducation.

Cette opinion, que les hommes qui ont rendu des services signalés au genre humain, ceux qui ont été justes et bienfaisans, les amis tendres et fideles, sont élevés au rang de génies ou demi-dieux, devait former des citoyens héroïques, des hommes vertueux, et donner à l'amitié un caractere sacré.

Socrate et Platon, quoique nous leur devions des connaissances morales plus détaillées que celles de Pythagore, et que même dans cette science ils aient fait faire de grands pas à l'esprit humain, appuient leurs préceptes sur la religion : le prix de la vertu, disent-ils, est dans le Ciel.

Mais ce sont surtout les dogmes des Stoïciens qui composent une théologie plus qu'un système philosophique ; leurs principes, leurs préceptes sont l'ouvrage de l'enthousiasme, dirigé par une dialectique subtile. Ce sont des sophistes qui s'amusent à créer l'être qu'on n'était pas encore en état d'expliquer. L'homme est, selon eux, une partie de la divinité : le monde est sa patrie, le genre humain sa famille ; les astres, les saisons, les beautés de la nature sont les décorations du palais immense de Dieu. Les révolutions des empires, tout ce qui peut agir sur nos sens, tous les objets de nos passions ne doivent nous intéresser que comme parties du grand tout : ce n'est que comme une portion de la divinité que l'homme peut parvenir à ce souverain bien dont ont parlé Socrate et Platon, et qui a fait dire aux Stoïciens tant de subtiles et de sublimes folies. Ces chimeres devaient retarder la connaissance de l'homme ; mais elles lui inspiraient de l'élévation, le désintéressement, la générosité. Le stoïcisme exagérait les devoirs, et comptait les plaisirs naturels et les sens pour trop peu de chose. Cette secte a formé quelques grands hommes, plus conduits par de belles erreurs que par la raison.

Une des causes qui entretient long-tems, dans les têtes même philosophiques, l'empire des illusions, c'est que la langue de l'imagination est perfectionnée, lorsque celle de la raison commence à se former.

Tous les peuples ont eu de bons poëtes avant d'avoir en prose des écrits raisonnables. L'homme sait peindre avant de savoir définir, parce qu'il est conduit par les sens avant de l'être par la raison ; les hommes à talent savent émouvoir avant que les philosophes sachent instruire ; les traits sensibles, les expressions heureuses des bons poëtes sont des cris de la nature, et la langue de la philosophie est l'ouvrage du tems et de la méditation.

Lorsque les signes de la pensée se multiplièrent, lorsque les philosophes de la Grece eurent voyagé, lorsque les formes des sociétés où ils vivaient devinrent nombreuses, lorsqu'il y eut dans les républiques et dans les monarchies de nouveaux objets de jouissances, lorsqu'il fallut étendre l'art de jouir et celui de résister à ses desirs, lorsque l'écriture vint conserver pour un grand nombre d'hommes les faits et les observations que la tradition orale laissait oublier à tout le monde ;

l'homme fut mieux étudié ; le recueil de nos différentes manieres d'être ne fut pas complet, mais il fut augmenté. La poésie qui, sur la science de la morale, avait accoutumé l'esprit à se contenter du vague lorsqu'il était accompagné de sentimens ou d'images, avait pourtant hâté la connaissance expérimentale de l'homme. Les poëtes dramatiques, et avant eux Homere, avaient présenté des caracteres d'après lesquels ils faisaient agir leurs personnages. On put entrevoir les effets nécessaires de l'alliance de plusieurs passions, et comment elles se modifiaient les unes par les autres. On eut l'idée des variétés sans nombre qui se trouvaient sur le même fonds de caractere ; on fit des portraits, et la peinture d'une multitude d'individus apprit à mieux connaître l'espece. C'est un des disciples d'Aristote qui a le premier donné cette nouvelle maniere d'étudier l'homme.

Son maître, né dans une monarchie, mais dans son âge mûr ayant voyagé dans les principales républiques de la Grece, avait vu, plus que ses prédécesseurs, les

différentes manieres d'être, que les lois
diverses, la variété des climats et des
situations, le plus ou le moins de civilisation, peuvent donner à l'homme; il avait
étudié la nature et l'histoire. La connaissance des animaux lui servit à mieux
connaître l'homme : il avait lu tout ce que
la philosophie avait dit de vrai et de faux
jusqu'à lui ; il fut bientôt en état de juger,
d'admirer ou de combattre les assertions de
son maître ; il établit mieux que lui cette
nécessité, où la nature a mis l'homme, de
chercher son bonheur, et il démontre qu'il
est dans la vertu. J'ai du regret qu'il place
la vertu la plus parfaite dans la vie contemplative ; cette idée tient à bien des erreurs ;
cependant jusqu'à lui, personne n'a connu
aussi bien l'esprit et le cœur humain, et
la maniere de conduire l'un et l'autre : ce
principe que toutes nos idées nous viennent
par les sens ; celui-ci, que les vertus ne
sont que des passions renfermées dans de
justes limites ; le grand nombre de ses
définitions, dont la plupart sont exactes ;
sa logique, qui apprend à combattre les

sophismes, sont des services qu'il a rendus à la morale, dont il augmenta la langue et les idées ; sa *Politique* est le meilleur ouvrage de ce genre que nous aient laissé les anciens.

Il eut un successeur qui commença par dépouiller l'homme de tous les déguisemens que les philosophes lui avaient donnés. Il le délivra des vains ornemens dont les Platoniciens le chargeaient, et du masque que les Stoïciens lui avaient fait prendre : sans s'enivrer de la folie d'un souverain bien, il voit l'espece de bonheur auquel la nature nous invite ; il n'enseigne pour ainsi dire qu'à jouir et à faire jouir. Il ne cherche point à nous priver des plaisirs des sens, mais à en modérer l'usage ; ils doivent entrer pour beaucoup dans notre systême, mais ils n'en assurent pas le bonheur, comme les plaisirs de la vertu. Les premiers nous bornent au bien-être du présent, les autres nous font jouir du passé ; nous devons aux plaisirs des sens des momens agréables, et à ceux de la vertu des souvenirs délicieux. Si Epicure s'occupe de la santé de notre ame, il ne s'occupe pas moins de la santé du corps; il recommande presque également le soin de conserver l'une et l'autre, parce que l'une et l'autre sont nécessaires au bonheur. Il ne nous reste de lui que quelques mots épars dans les écrits de ses disciples ou de ses adversaires; il ne voulait point qu'une seule vertu dominât trop sur les autres, mais qu'on eût pour toutes les vertus le même système de modération que pour les plaisirs des sens. Il est le philosophe de l'antiquité qui a le plus recommandé l'examen de soi-même; et c'est ainsi que l'homme se prépare sagement les jouissances de l'avenir. La philosophie apprend à mépriser la mort et à faire aimer la vie, tant qu'on peut en faire usage; à conserver sa liberté, à plaire à ses semblables, à les aimer, à les servir. Cependant il conseille trop la vie privée et l'éloignement des affaires. Je ne dis rien du mépris qu'il a pour tous les cultes; c'est une exagération de sa confiance dans la raison que l'homme avait alors.

Depuis Epicure jusqu'à Cicéron, nous ne voyons point de philosophe auquel la morale ait de grandes obligations.

Cicéron, trop éclairé pour penser qu'il pourrait contribuer à faire cesser les troubles de Rome, et pour donner à la république une forme stable et heureuse, s'était retiré à la campagne où il composa son livre *des Offices.* Ni les anciens ni les modernes n'ont rien fait sur la morale qu'on puisse comparer à cet ouvrage : on y voit partout le maître éclairé d'un peuple instruit, le précepteur d'une société polie. Il nous a présenté ce plan de vie auquel il faut rapporter toutes nos actions pour n'être pas sans cesse égarés par l'intérêt du moment. Après avoir donné la liste de tous ces devoirs essentiels, qui sont partout la base première de la morale, il donne beaucoup mieux que Platon et Aristote, les idées de cette multitude de fautes et de moyens de les éviter, qui appartiennent à des sociétés immenses, où les opinions, les besoins, les situations changent, se fortifient, s'affaiblissent, s'augmentent ; où sans cesse de

nouveaux rapports entre les hommes, déve-
loppent, varient, exaltent les caractères;
où l'homme acquiert une activité de pensée
qu'il exerce sur lui-même et sur les autres;
où il prend l'habitude de faire de nouvelles
combinaisons d'idées, la connaissance de
l'ordre social et des moyens de le perfectionner. Cicéron est le premier qui ait marqué
avec précision les vertus que devaient cultiver de préférence les hommes des différens
états. Il va plus loin que Socrate et Platon
dans la connaissance de ces devoirs de
bienséance, de décence, de moyens de
plaire, de moyens de jouir; dans le choix
des momens pour toutes les actions; dans
ces manieres, ce ton, ces convenances
qui augmentent les charmes de la société,
qui facilitent l'exercice de toutes les vertus
et en hâtent l'habitude. Il ne laisse presque
rien à dire sur tous les devoirs, de quelque
genre qu'ils soient; il parle trop peu des
passions et des facultés de l'entendement:
il regle l'homme, mais il ne le montre
pas assez.

Je ne dirai rien des ouvrages qui nous

restent de Séneque, d'Epictete, de Marc Antonin : ce serait en quelque sorte répéter ce que je viens de dire en parlant des Stoïciens.

Il a succédé à ces momens où l'homme commençait à recevoir les lumieres qui lui sont les plus nécessaires, des jours de ténebres, des siecles de barbarie : l'Asie et l'Europe livrées à des conquérans nés dans les forêts de la Germanie ou de la Scythie, établirent presque partout ou des démocraties, ou un despotisme sans frein, ou des monarchies dans lesquelles les pouvoirs du souverain étaient toujours ou trop ou trop peu limités. L'esprit humain s'arrêta dans ses progrès, et des religions nouvelles le firent reculer en arriere.

Il est triste que le christianisme, qui répandait cet esprit si doux de bienveillance universelle et cette fraternité évangélique, qui devaient maintenir dans toutes les sociétés la concorde et les services mutuels, ait reçu un esprit nouveau, dès qu'il eut un clergé.

Les sectateurs de Mahomet, maîtres de

plusieurs empires, ne manquerent pas de les soumettre à la doctrine de l'Alcoran. Lorsque le pouvoir du califat eut été renversé, le clergé musulman ne fut plus composé que des premiers esclaves; on cessa d'observer, de raisonner, de cultiver la science de l'homme; on oublia les lumieres transmises par les Grecs et par les Romains. Cependant on consulta chez une partie des musulmans les livres d'Aristote; ils devinrent comme une seconde religion, dont il n'était pas plus permis de douter que des dogmes de l'Alcoran.

Le clergé des chrétiens eut une autre constitution, et par conséquent un autre caractere que les Imans et les Mollahs : il eut le pouvoir de s'assembler et de créer des dogmes. Dans ces assemblées ecclésiastiques, il se forma des partis qui se firent la guerre, et chacun d'eux voulut régner.

Les bienfaits des empereurs, l'ignorance des peuples, l'artifice des prêtres, donnerent au pontife de Rome les plus excessives prétentions. Une nouvelle théocratie menaça tous les souverains : celle du Lama, du

Dairi,

Dairi, des Califes, n'étendait son autorité
que dans les pays soumis à leur domi-
nation; celle de Rome voulut étendre la
sienne sur le monde, et y parvint presque
dans l'Europe entiere.

Le clergé chrétien, souvent divisé, fut
disputeur, et substitua partout une dialectique subtile à la logique simple de la
raison. Il avait chargé ses dogmes de tant
d'erreurs opposées au bon sens le plus commun, qu'il fallut souvent employer la force
pour soumettre les esprits auxquels on ne
demandait plus de la conviction, mais de
la foi. On abusa de l'usage que les religions doivent faire de l'imagination : le
plus sot merveilleux, le vague des idées,
les prestiges, furent employés sans cesse à
cimenter le pouvoir des prêtres, et à ren-
verser les principes de législation ; des
devoirs nouveaux furent substitués à ceux
de citoyen : le monde fut rempli de catho-
liques zélés et de sujets infideles.

La morale ne fut pas moins corrompue
que la politique, non seulement par la

nature des expiations et la maniere de les obtenir, mais par la préférence donnée sur les véritables vertus, à l'oisiveté pieuse, à des devoirs inutiles, à des usages minutieux, à des privations, à des macérations, etc.

Il s'était établi en Europe une institution dont l'origine se trouve, dit-on, dans les forêts de la Germanie, qui répara en partie le mal qu'avaient fait aux lois et aux mœurs l'ignorance et la superstition; je veux parler de la chevalerie : elle inspira une bienveillance pour le faible, un respect pour les lois, une délicatesse d'honneur, qui relevèrent la nature humaine; les hommages rendus aux femmes leur donnerent des mœurs : le sentiment de l'amour devint le mobile de plusieurs vertus; mais les chevaliers furent trop soumis aux prêtres, et furent autant les protecteurs du clergé, que de leurs vassaux et des belles.

Cependant les gouvernemens de l'Europe avaient pris peu à peu des formes plus stables et moins déréglées. Ils favorisèrent

les lettres, on vit renaître un peu de philosophie, et il était tems qu'elle vînt au
secours de la morale, qui ne pouvait plus
être soutenue par l'imagination dont les
illusions se dissipent avec le tems. L'esprit
humain perdait son enthousiasme religieux,
et reposait dans son ancienne absurdité.
On perdait l'habitude de croire : la morale
fausse allait être détruite, et la véritable se
trouvait sans appui.

Après de longues querelles, dans lesquelles il s'agissait de savoir à quel degré
on pouvait rester absurde, une partie de
l'Europe, séparée de Rome, fut moins gênée
dans sa manière de penser. Bâcon parut, et
dans la morale, comme dans les autres
sciences, il vit une maniere nouvelle de
parvenir à la vérité. Il aurait pu faire faire
de plus grands progrès à la science des
mœurs, mais il approfondit peu le systême
de nos passions ; dans la métaphysique,
dans la logique, il a découvert plusieurs
causes de nos erreurs, et ce n'est pas celui
de nos maîtres auquel j'ai le moins d'obli-

gations. Sa méthode n'eut qu'un succès médiocre : elle était trop parfaite pour son tems.

Il y a un autre philosophe dont je suis pressé de parler : il n'a fait ni assemblage de préceptes, ni systême, ni traité, mais il est utile à ceux qui veulent en faire. Nourri de la lecture de tous les moralistes et de tous les peintres de l'homme, ils lui ont souvent inspiré des doutes sur la vérité de leurs tableaux ou de leurs assertions : il a voulu étudier ce qu'ils ont prétendu savoir. Il possédait très-bien l'histoire ; il connaissait le globe, autant qu'on pouvait le connaître dans des tems où un très-petit nombre de voyageurs avait fait de bonnes relations ; il comparait ce qu'il lisait avec ce qu'il avait éprouvé lui-même. Lorsqu'il se trouvait dans une situation peu différente de celle du personnage dont il lisait l'histoire, il cherchait à deviner ce qui se serait passé en lui dans de semblables circonstances : il a connu tous les mouvemens de l'ame, et c'est celui des philosophes qui les fait le mieux connaître. Utile à ceux qui veulent apprendre, il l'est bien davantage à ceux qui veulent penser. Comme il n'avait pas des idées assez nettes et assez précises sur l'entendement humain, il n'en connaissait ni les forces ni les bornes, et il a porté trop loin le scepticisme.

Lorsque l'esprit humain a été plus éclairé, ceux qui ont voulu faire des traités sur les devoirs de l'homme, ont fait usage de Montagne. Charron, dont le plus grand mérite est d'avoir été l'un de ses disciples, composa le meilleur traité de morale qui ait paru depuis les *Offices* de Cicéron. Il n'est pas aussi utile que cet ouvrage; il n'en a pas le charme, et le plan qu'il embrasse est trop étendu pour le siecle où il vivait. On n'avait pas assez vu l'homme dans ses rapports métaphysiques, politiques et moraux : Charron a plus de connaissances que Cicéron, mais celui-ci a fait son plan d'après ses connaissances et il l'a rempli; Charron en a fait un qui aurait demandé d'autres lumieres que les siennes, et il n'a pu le remplir. D'ailleurs, il suit trop les traces des anciens, et il n'a point choisi et arrangé ses idées de manière qu'il n'en résulte aucune contradiction : il a servi cependant à ceux qui, dans la même carrière, ont été plus loin que lui. Les philosophes sont comme les géants de la fable, qui, en montant sur les épaules les uns des autres, escaladent l'Olympe.

Peu de tems après le livre de Charron, parurent en Angleterre les ouvrages du célebre Hobbes. Il fut frappé dès sa jeunesse du peu de rapport de la philosophie qu'on enseignait dans les écoles, avec le caractere général et les situations de l'homme : il n'y trouvait pas de leçons utiles aux citoyens et à ceux qui doivent les gouverner. Il composa de bonne heure son livre du *Citoyen* ; c'était dans le tems des troubles et des crimes de l'Angleterre, après la mort du malheureux Charles Ier. Les effets de l'anarchie dont il était le témoin le firent paraître, dans ce livre, trop

favorable à l'excès de l'autorité des rois.
Hobbes est le premier qui ait eu des idées
claires sur cette portion de liberté accordée à notre ame. On a beaucoup censuré
son opinion sur le droit de nature ; elle me
paraît encore la plus vraie qu'il y ait sur
cette matiere, c'est-à-dire qu'il n'y a point
de droit de nature. Il définit le bonheur,
une longue suite de desirs satisfaits qui
se succedent rapidement : c'est en nier
l'existence. On lui a beaucoup reproché
la définition de la justice, qui n'est, selon
lui, que l'observation des lois établies.
Il n'était pas assez guéri de la méthode
synthétique ; il part quelquefois d'un principe auquel il n'a pas été conduit par des
observations. Il n'a pas fait usage de la
méthode de Bâcon ; cependant il y a peu
d'hommes qui aient plus avancé que lui
la science de la morale et celle de la législation. Tout philosophe doit le lire : il
peut égarer ceux qui ne le sont pas ;
mais les vrais philosophes étudieront et
respecteront son *Léviathan.*

J'ai à parler à présent du plus sage et du plus éclairé de tous les précepteurs du genre humain. Locke étudia, comme Montagne, les hommes en lui-même ; mais Montagne se borne à observer les passions : Locke observe en lui la maniere dont se forment la pensée et la raison. Il était anatomiste et médecin, et devait plus facilement qu'un autre soupçonner l'influence des ressorts de notre machine sur ceux de notre ame. Il démontra bientôt cette vérité, devinée par Aristote, que nos sensations forment nos pensées, nos jugemens, nos raisonnemens, nos connaissances. Il suit l'entendement humain dans toutes ses opérations : il les explique, il les dirige. Il découvre les causes de nos erreurs : il ne les attribue peut-être pas assez à nos passions ; mais il ne lui échappe aucune des causes des erreurs que nous devons à la méthode synthétique, à l'envie de définir avant d'analyser, enfin à l'imperfection des langues. Cette derniere partie de son ouvrage est celle qui demandait le plus de sagacité, et peut-être celle qui a rendu les plus grands services à la philosophie. Il est le premier qui ait prouvé que la morale était aussi susceptible de démonstration que la géométrie et la science des nombres. Il indique la route à ceux qui veulent découvrir les connexions qui sont entre les idées morales, et qui nous conduisent à des connaissances nouvelles, sûres, évidentes.

Locke a fait deux autres ouvrages qui apprennent l'un et l'autre à faire l'application la plus utile des principes du livre de l'entendement humain au gouvernement et à l'éducation, c'est-à-dire qu'il a perfectionné celles des sciences qui contribuent le plus à augmenter la raison et le bonheur du genre humain. Dans ces livres il se met à la portée de tous les esprits, et ceux même qui n'ont que médiocrement d'étendue peuvent saisir et conserver sans peine l'ensemble de ses idées.

Locke eut un disciple qui ne fut pas

son sectateur ; il répandit dans sa morale quelques vérités neuves , mais il peignit l'homme en poëte plus qu'il n'en fit l'analyse en philosophe : il le vit, dit Thompson, avec un œil de frere ; il le considéra presque toujours dans ses beaux momens. Né, comme Platon, avec beaucoup d'esprit et d'imagination , ces deux qualités dominent trop dans sa philosophie. Il est impossible de le suivre par conviction ; mais il vous entraîne par l'illusion. Ce n'est pas le philosophe des esprits mûrs , c'est celui de la jeunesse avide d'estimer et d'aimer. Après être détrompés, ceux qu'il a séduits conservent pour lui un respect qu'il a mérité par son amour sincere de la vertu et par son éloquence. Il adopte plusieurs des rêves de Platon : il n'est pas plus précis que son modele, mais on l'aime davantage. Il faut l'avoir analysé pour se convaincre qu'il était plus fait pour nous tromper agréablement que pour nous instruire. Cependant, s'il nous a peints beaucoup meilleurs que nous ne le sommes , il donne des idées à ceux qui ont encore le projet de nous rendre meilleurs. Ce philosophe a eu des partisans dans toute l'Europe, et en a conservé beaucoup en Angleterre, parmi lesquels on peut citer Pope, Boling-broke, Hutchinson, Fergusson, Smith, etc. Ces derniers ont ajouté des erreurs aux erreurs de leur maître. Il est étonnant que dans la patrie de Locke et de Bâcon, les philosophes vous parlent d'un sens moral à la faveur duquel nous devinons tous nos devoirs, d'un sens divin qui nous suffit pour nous faire comprendre l'auteur de l'être, etc. etc.

Les succès de Shaftesbury sont une preuve que l'imagination ne perd jamais ses droits, et que dans les siecles les plus éclairés, elle dispute les grands hommes même à la raison.

Si la philosophie morale ne formait pas encore un ensemble toujours simple, clair et vrai, la masse des vérités de détail, qui devaient concourir à le former, augmentait de jour en jour : on les trouvait dans plusieurs livres qui sont plus ou moins dans les mains de quiconque sait lire.

Nicole, dans la plupart de ses ouvrages, surtout dans l'Accord de l'amour propre et de la charité, et dans le Traité sur les moyens d'entretenir la paix parmi les hommes, donne des conseils humains ; il part de quelques vérités alors assez neuves ou trop peu développées. Ici, pour maintenir la concorde dans la société, l'évangile a devancé la philosophie ; mais son interprête va trop loin ; il demande presque toujours ce qui est difficile, et souvent ce qui est impossible. Il forme le chrétien plus que l'homme : il ne connaît pas assez toutes les ressources que peut trouver, dans un cœur conduit par la raison, l'homme qui veut être vertueux. Il a un autre malheur, il démontre la vérité plus qu'il ne la fait sentir. On le lit peu, parce qu'on ne trouve pas dans ses ouvrages les conseils aimables d'un ami, mais les leçons pesantes d'un directeur.

Labruyere est plein de ces observations

ou fines ou profondes, qu'un esprit supérieur peut faire sur les mœurs de la nation; cependant il est plus peintre que philosophe : il abonde en portraits des vices, des vertus, et surtout des caracteres. Il donne trop à ces caracteres une seule couleur, un seul mobile. On ne voit point chez lui, comme dans les portraits de plusieurs historiens, et entre autres ceux de Plutarque, comment est composé un seul homme de plusieurs qualités, de plusieurs passions. Il n'y est pas question de la variété qui doit régner entre les hommes de tous les pays et de tous les tems; mais, par le bonheur de ses expressions, par le nombre de ses tours et de ses tons, par la vigueur pittoresque et la précision de son style, il plaît, il attache; on s'en occupe, et il fait penser plus qu'il ne semble penser lui-même.

L'autre livre de ce genre, le *Spectateur*, est moins riche que Labruyere en observations fines et en tableaux heureux; mais il tend plus que lui à la philosophie élémentaire : c'est un livre d'éducation, un journal sans ordre, dont le but est de répandre et de faire aimer dans sa nation les vérités qui sont pour elle les plus nécessaires. Il nous apprend moins que Labruyere ce que nous sommes, mais il nous instruit mieux de ce que nous devons être.

Ces deux livres, et ceux de ce genre qui ont paru en Europe, ont été bien moins utiles que le Théâtre, et surtout celui de France; c'est, à proprement parler, le seul qui tende à rendre nos mœurs ou sublimes, ou pures, ou agréables. Le Théâtre Français ne présente point à l'imagination de ces vices bas, de ces caracteres atroces, qu'il n'est point nécessaire d'offrir à l'horreur d'une nation polie, et dont il peut être dangereux de réveiller les idées. En même tems que le Théâtre Français anime à la vertu par les éloges qu'il en fait, par les modeles qu'il en donne, il est impossible de présenter des tableaux plus riches et plus variés de tous des mouvemens de notre ame. Le théâtre chez les anciens a bien moins avancé la connaissance de l'homme que chez les Français. Dans les tragédies des Grecs, les caracteres se ressemblaient trop : ils étaient sans nuances ; et dans leurs comédies, on ne vit point le dessein heureux d'attaquer et de punir par le ridicule ces défauts, ces erreurs de l'amour propre, ces abus de l'esprit, ces imperfections légeres qui, sans nuire au fond des mœurs, en troublent l'élégance et s'opposent à la perfection des plaisirs et des vertus d'une nation polie.

Il a paru chez les Français et chez les Anglais des romans auxquels on a donné un but moral : ceux des Français sont plus propres à élever l'ame, et rendent l'homme plus capable de jouir des charmes de la société ; ceux des Anglais sont beaucoup plus variés, plus riches en caracteres et plus propres à faire connaître le cœur humain.

Il me reste à parler des obligations que nous avons eues à quelques philosophes dignes de leur siecle. Montesquieu, dans sa jeunesse, occupé par devoir de l'étude des lois, et entraîné par son goût à l'étude de la philosophie, devint un des premiers jurisconsultes de l'Europe, et le seul qui vit les lois en philosophe. Il n'avait guere que trente ans lorsqu'il donna son livre sur les causes de la grandeur et de la décadence des Romains, et l'on reconnut dans cet ouvrage un génie qui pouvait éclairer la morale et la législation. Il ne tarda pas à concevoir le plan de l'Esprit des Lois, et travailla pendant vingt années à l'exécution de ce grand dessein. La lecture de l'histoire, et celle des philosophes anciens et modernes qui ont parlé des gouvernemens, lui donnerent beaucoup d'idées à comparer et à employer; mais il crut qu'il s'instruirait encore mieux par ses voyages. Il connaissait parfaitement la France; il voulut connaître l'Allemagne, la Hongrie, la Suisse, l'Italie, la Hollande, l'Angleterre. Il étudia tous ces pays sans prévention, et les jugea sans enthou-

siasme

siasme comme sans humeur. Enfin, il fut
en état de donner, en 1750, cet ouvrage
immortel, où l'on trouve, mieux que partout
ailleurs, la nature et les principes de tous
les gouvernemens. Il les examine dans
leurs rapports avec la morale, avec les
forces, les richesses, les climats, la situation
des peuples; il montre les inconvéniens
et les avantages de tous les gouvernemens,
ce que les peuples doivent en espérer et
en craindre, le genre de passions qu'il faut
exciter dans chacun d'eux, celles qu'il faut
réprimer, les préjugés qu'il y faut conserver, ceux qu'on doit y proscrire. Il y
a des idées neuves et vraies sur l'éducation
qu'il faut donner aux différens peuples
pour entretenir le caractere qui leur convient. Il n'est pas du plan de ce discours
de détailler toutes les vues nouvelles que
Montesquieu répand sur les moyens de
perfectionner et l'ensemble et les parties
des différentes législations; mais je dirai
qu'il ne conseille une loi nouvelle, la
réforme d'un abus, l'établissement d'un

nouvel usage, que d'après l'état de lumieres, la situation, les circonstances,
le caractere des nations : il est celui de
tous les philosophes législateurs qui montre
le plus d'attachement à sa patrie avec le
desir du bonheur du genre humain ; il est
celui qui éclaire le plus la législation par
la morale, et la morale par la législation.
Il corrige l'esprit humain de la manie
d'établir certains principes absolus, de
prétendues vérités universelles, d'après
lesquelles on croit pouvoir se conduire
dans tous les lieux et dans tous les tems.
Son style, fait pour ses pensées rapides et
profondes, est partout énergique, précis, et
quoique souvent figuré, toujours naturel :
il passe beaucoup d'idées intermédiaires,
ce qui donne un air de désordre à son
livre ; mais sa raison sage lui défendait de
répandre ces idées. Il a sans doute quelques
erreurs, mais il n'en est pas moins un
philosophe dont tous les moralistes peuvent beaucoup apprendre, et celui que les
législateurs doivent choisir pour leur guide.

Quelques années après l'*Esprit des Lois*, parurent les ouvrages d'un philosophe qui eut d'abord la plus grande célébrité, et qui a conservé beaucoup d'estime. C'est M. Helvétius. Il est le premier moraliste qui ait fait usage des principes de Locke, et il les emploie sans pédanterie et sans obscurité; il s'attache à montrer les effets des trois causes principales de nos erreurs : nos passions, parce qu'elles nous font voir les objets sous une seule face; l'ignorance des faits, et l'abus des mots. En traitant de cette derniere cause de nos erreurs, il renvoie à Locke, mais c'est après avoir été plus loin que lui. Il donne sur la vertu des notions plus claires et plus justes qu'on n'en avait eu jusqu'à lui : il résulte de ses principes que ce qui a le plus retardé les progrès des mœurs, c'est l'habitude d'attacher l'idée de vertus à des actions, à une conduite qui ne sont utiles à personne, et de séparer les intérêts particuliers de l'intérêt général. Il distingue mieux qu'on ne l'a fait encore les caracteres des différentes sortes d'esprit et de talent : il voit l'influence de la société sur ces esprits et ces caracteres ; il dit ce qui hâte, ce qui retarde leurs progrès ; il donne de nouvelles vues sur l'éducation et le gouvernement. Malgré quelques exagérations et quelques autres genres d'erreurs, il a été utile et le sera toujours, aux philosophes plus qu'au vulgaire des lecteurs.

Celui des disciples de Locke qui a rendu le plus de services à la raison humaine, c'est l'abbé de Condillac : il a développé toutes les premieres idées de son maître, avec une analyse fondée sur les observations les plus justes, les plus fines, les plus difficiles. Il a expliqué avec toute la clarté et toute la précision possibles, les opérations de notre esprit, et après l'avoir enrichi d'une foule de vérités qui lui sont nécessaires, pour faire avec sureté les premiers pas de sa carriere, il lui a donné des méthodes excellentes. Son *Art de penser*, son *Art de raisonner*, sa *Grammaire*, sont si supérieurs à tous les ouvrages de ce genre qui les ont précédés, ils sont si exempts d'erreurs, la marche qu'ils enseignent est si clairement la meilleure, que de tous les ouvrages de ce siecle, c'est peut-être ceux qui donnent le plus d'espérance pour les progrès de la raison. L'*Abrégé de l'histoire* par le même philosophe est fort inférieur à ses ouvrages de métaphysique et de morale ; mais il ne faut pas lui attribuer les idées communes ou fausses qui sont dans ce livre : l'abbé de Mably en a composé plusieurs chapitres.

Certains philosophes, dominés par la force de l'imagination, de l'amour propre et de la passion, nous entraînent dans des erreurs ; mais ils occupent les esprits pensans. On les examine, on les juge, et en détruisant leurs erreurs on arrive à de nouvelles vérités. C'est ainsi que Rousseau de Genève a été utile à la philosophie.

Un discours dans lequel il prétendit que les lettres avaient fait le malheur de notre espece, l'annonça au public : il appuyait ce paradoxe d'une dialectique subtile, d'un air de candeur et de persuasion, mais sur-tout d'un style ferme, élégant et noble. On lui répondit avec plus de raison que d'éloquence. Il répliqua, et pour ne point s'avouer vaincu, il composa son livre de l'*Inégalité des conditions*. Dans cet ouvrage, le mieux fait et le mieux écrit de ses ouvrages, il prétend que l'état social est contre nature, que le premier qui a cultivé une portion de terre a été l'ennemi du genre humain, que l'homme est destiné à ne pas connaître les sentimens d'époux, de fils, de pere, d'ami, et qu'enfin sa véritable perfection est d'errer seul dans les forêts.

Lorsqu'il composa son *Emile*, il conservait ces idées; le caractere anti-social de l'auteur y perce à tous momens. Les charmes du style, des observations et des pensées vraies, fines et neuves, ont fait de l'*Emile* un livre souvent agréable, quelquefois utile.

Le *Contrat social* n'a pas au même degré les différentes sortes de mérite de l'*Emile*; Rousseau n'y est point maître de sa matiere:

le style est quelquefois excellent, mais souvent pénible et obscur. L'auteur n'a point d'idées nettes sur la liberté, qu'il confond presque toujours avec l'exercice de la souveraineté ; il proscrit à peu près la monarchie mixte ou réglée, l'aristocratie, et finit par dire que la démocratie est un gouvernement qui ne convient qu'à des dieux.

Le livre de Hobbes, le *Léviathan*, lui a fourni une partie de ses idées, et ce sont les plus raisonnables. On y trouve beaucoup d'assertions sans preuves, des pensées incohérentes ou contradictoires.

Tandis que les philosophes dont je viens de parler donnaient leurs ouvrages, l'*Encyclopédie* devenait l'objet de l'attention générale. Deux hommes supérieurs avaient formé le projet de rassembler dans un seul dépôt toutes nos connaissances : ils jugerent qu'elles étaient assez avancées pour mériter d'être recueillies, et qu'il était tems de s'assurer qu'elles ne seraient pas perdues. MM. Diderot et d'Alembert

associerent à leurs travaux des hommes
distingués par leurs lumieres et par leurs
talens. Quelques-uns d'entre eux n'ont point
mis leurs noms aux articles qu'ils ont
donnés ; et en oubliant la gloire, ils ont
été occupés de la perfection de l'esprit
humain. Une des causes du bien que fera
cet ouvrage, c'est que dans un grand
nombre d'articles, on suppose que le
lecteur est ignorant ; ils ont une forme
élémentaire, et ceux qui ont pour objet
la même science s'expliquent les uns par
les autres.

On y voit beaucoup les rapports que
les diverses sciences ont entre elles ; ce
qui doit donner de l'étendue à l'esprit, et
l'accoutumer à voir ensemble les objets
de nos connaissances : cependant il n'y a
peut-être aucune science qui soit traitée
complettement dans l'*Encyclopédie* ; mais
il y en a peu à laquelle on n'ajoute pas
quelques découvertes ou quelques moyens
de la perfectionner.

Je ne puis terminer ce discours sans

parler d'un grand homme qui a rendu des services infinis à la philosophie; il l'a mise à la portée d'un grand nombre de lecteurs, et il l'aurait rendue vulgaire, si elle pouvait l'être. Ce grand homme est Voltaire : un des livres où l'on peut étudier avec le plus de fruit l'homme politique et moral, c'est son *Tableau historique des mœurs de toutes les nations.* Il n'a jamais fait un système raisonné, il n'a point enchaîné de longues suites d'idées ; mais dans ses belles poésies, dans ses histoires, dans ses petits ouvrages philosophiques, dans ses romans même, il a beaucoup de pensées et d'idées neuves : il les présente avec tant de clarté, de force et de grâce, on les saisit si facilement, qu'on croit ne faire que s'en souvenir.

Il a lu tous les philosophes, et il n'adopte guere d'opinions que celles qui méritaient d'être adoptées : il est comme Bayle, leur juge, mais plus éclairé. Il ne discute guere que ce qui mérite d'être discuté; il inspire partout l'humanité et la justice, qui étaient au fond de son cœur.

L'habitude de lire ses ouvrages donne celle de reconnaître toutes les erreurs dangereuses, et d'aimer toutes les vérités utiles ou aimables.

J'ai été occupé long-tems de la lecture de tous les philosophes anciens ou modernes ; j'ai été éclairé par la multitude des faits recueillis depuis plusieurs siecles ; j'ai été enrichi des observations que j'ai pu faire dans une de ces grandes sociétés où il y a beaucoup d'idées et de connaissances, parce qu'il y a beaucoup de communication et de rapports entre les hommes. J'ai vu se perfectionner la connaissance de l'homme, et j'ai pensé que les tems étaient arrivés où l'on pouvait donner aux habitans de tous les pays celui des livres qui pouvait leur être le plus utile, c'est-à-dire, *les Principes des mœurs* ou *le Catéchisme universel.*

J'ai dû croire que mes préceptes devaient être précédés par des détails approfondis sur l'esprit et le cœur humain, et j'ai commencé ce grand ouvrage par l'analyse de l'homme; elle est différente de celles qui ont paru jusqu'à présent. Après avoir expliqué comment nos sens sont les causes premieres de tous nos sentimens, de toutes nos idées, de tous nos jugemens; après avoir dit un mot de l'influence qu'ils avaient sur la politique, la morale et les arts dans le monde entier, je fais une analyse abrégée des facultés de notre entendement. Après avoir parlé des effets de certaines idées vagues sur nos passions et sur notre raison; après avoir dit quelques vérités, trop peu employées jusqu'à présent, sur les liaisons de nos idées, j'ai parlé de deux penchans qui forment ce qu'on appelle notre amour propre, et qui sont les causes de quelques autres de nos penchans.

Je parle ensuite de nos passions sans m'y arrêter beaucoup, parce que les défi-nitions du plus grand nombre doivent se trouver dans le *Catéchisme universel*; j'ai seulement ajouté quelques vues nouvelles sur les passions. Je donne ensuite mes idées sur les caracteres, sur la conscience, sur les effets du climat, sur l'état sauvage et l'état de société, sur cette raison d'usage que les anciens appellent la prudence, sur ce que l'opinion doit être depuis l'invention de l'imprimerie et depuis l'extrême communication qu'ont entre eux les différens peuples. Je finis par le tableau abrégé de l'homme dans les différens âges de la vie.

L'analyse de la femme devait suivre celle de l'homme, et avant de parler de son ame, il fallait parler du physique qui détermine ses facultés et son caractere. Le peu que j'en ai dit est d'après les anatomistes les plus estimés ; mais je dirai ici que les femmes n'ont été assez observées par aucun d'eux. Lorsque j'ai montré combien elles sont sous l'empire de l'imagination, quels sont les penchans qui les maîtrisent, quelles sont leurs vues habituelles, les formes constantes ou fugitives de leur esprit, les différences dans la maniere dont elles éprouvent les mêmes passions que nous, quelles sont celles de

ces passions ou de leurs habitudes qui leur
sont le plus utiles ou le plus contraires,
j'examine quels sont les avantages que la
nature leur a donnés sur nous; je les compare avec ceux que la nature nous a donnés
sur elles. Je cherche ensuite comment et
pourquoi, par leurs qualités physiques,
intellectuelles et morales, ainsi que par
leur situation, elles sont dans un état moins
heureux que le nôtre.

Il résulte de ces deux analyses, que
nous ne pouvons prétendre au degré de
bonheur auquel il nous est possible de
parvenir, qu'autant que nous aurons perfectionné notre raison; j'en ai cherché les
moyens, j'en ai vu quelques-uns dont on
ne faisait pas usage. J'ai montré quelques
causes d'erreur, sur lesquelles on n'avait
pas assez insisté, et quelques-unes dont on
n'avait point parlé; j'ai indiqué des remedes
ou négligés ou ignorés. Je finis par offrir
quelques moyens de donner à l'esprit telle
ou telle qualité, qui dominera sans exclure
les autres.

Après cette logique arrive le *Catéchisme*; comme il est composé de dialogues pleins de définitions, il n'est pas à la portée du premier âge : les enfans pourraient l'apprendre et le croire ; mais vous leur feriez prendre l'habitude de donner leur confiance aux définitions avant d'avoir les idées dont elles doivent être les résultats ; ils se contenteraient de notions incomplettes, et ne craindraient pas dans le reste de leur vie de croire ce qu'ils ne peuvent comprendre.

Ce *Catéchisme* est suivi de préceptes que l'enfant peut apprendre ; mais il faut que le pere ou l'instituteur lui démontrent la nécessité de les suivre. C'est d'après ces préceptes que le jeune homme fera l'examen de soi-même : il connaîtra peu-à-peu son caractere, les défauts et les bonnes qualités auxquels il est le plus disposé, et comment il se rendra capable d'obéir à la raison.

A la suite de ces différentes parties de mon ouvrage, j'ai placé le *Commentaire sur le Catéchisme* ; c'est là où j'analyse les penchans, les passions, les caracteres dont je n'ai donné que les définitions ; j'approfondis autant qu'il est en moi ce qui doit être approfondi. C'est dans ce *Commentaire* que je développe la méthode d'opposer les passions aux passions, de substituer les unes aux autres, d'exalter celles qui doivent être exaltées, de tempérer celles qu'il faut tempérer. C'est ici où je fais un grand usage du principe de la liaison des idées : j'y rappelle souvent des vérités connues, mais c'est pour montrer les rapports qu'elles ont avec des vérités nouvelles. Cette partie du *Commentaire* est celle à laquelle j'ai cherché à donner les formes les plus agréables ; j'y fais, autant qu'il m'est possible, abstraction des gouvernemens sous lesquels l'homme doit vivre : je lui apprends seulement à aimer sa patrie, à en respecter les lois.

Ce *Commentaire* est suivi de l'*Analyse de la Société*, on doit y voir que les principes établis dans les ouvrages précédens, conviennent à toutes les sociétés, quelles que soient leurs lois, et que même ils doivent être la base de ces lois. Je fais un tableau abrégé de l'origine de tous les gouvernemens; je présente ensuite une histoire de leurs effets chez les nations les plus célebres. On doit y voir comment la population, de nouveaux besoins, le commerce, l'industrie, etc., ont amené de nouvelles idées politiques, et les progrès que la science de la législation a dû faire, en suivant les leçons d'une philosophie fondée sur l'expérience, d'après les lumieres des anciens, et surtout d'après l'invention de l'imprimerie. La raison a fait des découvertes qui ne se perdent plus, et de nouvelles vérités ont amené par des gradations imperceptibles des changemens dans la destinée de tous les hommes; cette vérité est sensible, d'après le *Tableau historique* dont j'ai parlé. En voyant ce que les peuples sont devenus, on peut prévoir ce qu'ils deviendront. Je n'ai pas négligé de faire mention des papiers publics; cette insti-

tution

tution est utile à la philosophie. Depuis plus de cinquante ans on voit dans ces papiers, une émulation entre tous les gouvernemens de l'Europe, de faire le bien, de rendre le sort des hommes meilleur et la vertu plus parfaite ; on voit partout l'homme plus heureux qu'il ne l'a été, ce qu'il peut avoir à craindre des sophismes ou de l'ignorance, et ce qu'il a surtout à espérer lorsque le tems aura, pour ainsi dire, mûri la philosophie. J'ai pu faire deux chapitres qui contiennent une liste de vérités dont on doutait il y a cinquante ans, et qui ont acquis de l'évidence ; elles sont reçues aujourd'hui comme indubitables par les esprits éclairés ; j'ajoute quelques idées sur l'utilité dont les religions, les lettres, les arts, l'encouragement au travail peuvent être pour les mœurs.

Il y a plus de quarante-cinq ans que j'avais fait le plan détaillé de ce livre ; j'en ai parlé souvent aux philosophes les plus célèbres dont j'ai été le contemporain et l'ami ; tous ont approuvé ce plan, tous m'ont engagé à l'exécuter, quelques-uns même ont porté jusqu'à l'importunité leur empressement à m'exhorter à ce travail. Mais l'estime qu'ils m'ont inspirée pour ce plan, n'a servi qu'à me persuader que je n'étais pas en état de le remplir. Arrivé dans un âge où les devoirs de mon état et de la société n'emportaient plus mes momens, j'ai revu ce plan avec attention, et j'ai commencé à écrire ; mais dans mon travail je me suis souvent rappelé ce trait d'Homere : *Qu'un autre saisisse l'arc d'Ulysse et qu'il le tende ; pour moi, je ne m'en sens pas la force.* Cependant il y a cinq ou six ans que cet ouvrage est terminé, et je n'en ai pas été assez content pour être pressé de le faire paraître ; j'ai perdu ces amis dont les conseils et la critique m'auraient été utiles ; l'intérêt qu'ils prenaient à moi et à l'ouvrage me répondait de leur zele et de leur sincérité ; leurs lumieres m'auraient éclairé sur mes fautes. Je les ai perdus, ces amis si chers, irai-je implorer leur amitié et invoquer leur génie aux bords de leurs tombeaux?.... J'ai revu depuis peu cet ouvrage, et sans que mon estime pour lui soit augmentée, je crois devoir le publier. J'ai pensé que ce livre imparfait pourrait peut-être en faire faire de meilleurs. Je ne cherche point à m'ôter cette illusion ; arrivé aux bornes de ma vie, il me serait si doux de penser qu'elle n'aurait pas été inutile! Au reste, si cet ouvrage était excellent, il ne serait pas le mien; il serait celui de mon siècle ; s'il n'est que médiocre, il est mon ouvrage.

ANALYSE DE L'HOMME.

LIVRE PREMIER.

INTRODUCTION.

L'HOMME en entrant dans le monde n'est qu'une masse organisée et sensible; il reçoit de tout ce qui l'environne et de ses besoins, cet esprit qui sera peut-être celui d'un Locke ou d'un Montesquieu, ce génie qui maîtrisera les élémens et mesurera les cieux.

L'homme est sensible au plaisir et à la douleur; ces sentimens sont la source de ses connaissances et de ses actions : plaisir, douleur, voilà ses maîtres, et l'emploi de sa vie sera de chercher l'un et d'éviter l'autre.

SECTION PREMIÈRE.

Des Sens.

Le premier besoin que nous éprouvons est celui de la faim, et le sentiment de ce besoin peut être assez vif pour être une douleur. C'est sur le sein de sa mere que l'homme connaît le premier plaisir; il le doit au sens du goût : ce sens est flatté par les saveurs douces et piquantes; il rejette les saveurs fades, il est blessé par les saveurs ameres.

Le sens de l'odorat nous donne des plaisirs très-vifs et des douleurs difficiles à supporter ; les odeurs agissent fortement sur le cerveau et sur le diaphragme : elles peuvent suspendre subitement les fonctions animales, et même ôter la vie; les plaisirs qu'on doit à ce sens ont quelque chose de plus intime que les plaisirs qui nous viennent de plusieurs de nos sens.

Celui du toucher est répandu sur toutes les parties de notre corps, et c'est dans la main et sur les levres qu'il a plus de délicatesse. Il est blessé par les corps rudes, froids, anguleux; il parcourt avec délices les corps polis et arrondis, surtout s'ils lui renvoient une douce chaleur, et s'ils résistent mollement à ses impressions.

Portez vos yeux sur un parterre où des masses fleuries étalent et opposent leurs couleurs; voyez au printems une prairie émaillée de verd, de jaune et d'azur, et vous ne douterez pas que l'organe de la vue ne jouisse des couleurs, qui l'exercent sans le fatiguer. Il aime la lumière, lorsqu'elle n'est pas assez forte pour le blesser.

Les couleurs trop vives ou trop sombres, un jour éclatant, une profonde obscurité l'attristent ou l'offensent.

Avant que l'esprit soit en état de juger les proportions des sons, et que l'ame soit sensible à leurs expressions, avant qu'on ait aucune idée de l'harmonie et de la mélodie, on se plaît à entendre l'assemblage de plusieurs sons qui s'accordent et qui passent, par gradations, du grave à l'aigu. On n'écoute qu'avec peine des sons discordans, aigres, sourds ou trop répétés.

Il se déclare un sixième sens à l'âge de la puberté, c'est le besoin de se reproduire ; le penchant d'un sexe pour l'autre est le plus vif et le plus doux des sentimens inspirés par les besoins physiques ; il dispose l'homme, et même les animaux, à je ne sais quelle bienveillance tendre et active, qui ajoute à ses charmes : ce sens est celui qui nous donne les plus délicieuses sensations, et il est pour les autres sens une source de jouissances.

SECTION II.

Des plaisirs et des douleurs que les sens peuvent donner par les rapports qu'ils ont entre eux.

Chacun des sens a des plaisirs et des douleurs qui lui sont propres, et il en acquiert d'autres par ses rapports avec les autres sens. On se plaît à porter ses regards sur des surfaces rondes et polies, parce que le sens de la vue découvre alors une source de plaisirs pour le sens du toucher. La pêche plaît à la vue et au toucher par sa forme et ses couleurs, et par les plaisirs qu'elle promet au sens du goût. Les parfums des fleurs charment de loin l'odorat, et réveillent en même tems l'idée de ce nombre de couleurs qui vont amuser le sens de la vue; ce gazon frais, ces arbres en voûte, ces vallons fleuris et sauvages, vous plaisent comme des lieux où vous pouvez goûter sans trouble ou les plaisirs de l'amour, ou les douceurs du repos.

SECTION III.

Du Sommeil.

Après la fatigue, soit du corps, soit de la pensée, dans les langueurs de l'ennui ou d'une chaleur excessive, les fibres s'affaissent les unes sur les autres, les muscles se détendent, et nous tombons dans le sein du sommeil; lorsqu'il est devenu nécessaire, il est doux d'en sentir la nécessité. Le moment où il commence, est agréable; mais est-il profond, on ne le sent plus; et je ne vois pas pourquoi cet Endimion, dont parle Apollodore, ne demandait aux dieux qu'un sommeil de plusieurs siècles; c'est le vœu d'un homme las de la vie, et qui n'ose mourir.

Il y a un état assez commun parmi les hommes qui ont peu d'idées, de force ou de sentimens, tels que les sauvages méridionaux et les vieillards; ils sont souvent entre la veille et le sommeil : ils jouissent à la fois du plaisir d'être et de celui de sentir le repos.

Il y a peu de contrariétés qui déplaisent davantage que celles qui suspendent, interrompent, ou troublent un sommeil nécessaire, ou même l'état dont je viens de parler.

S E C T I O N   I V.

De l'influence des plaisirs et des douleurs qui sont l'effet des sens, sur notre ame et sur la société.

Le besoin physique de la faim, qui est d'abord le plus puissant mobile de notre ame, est dans tout le cours de la vie, la cause de la plupart de nos projets, de nos actions, même de nos opinions. Les arbustes de l'Inde ont attiré dans ces climats plus d'étrangers que les Gymnosophistes, et les Européans en rapportent plus de pierreries que de sagesse. Deux rois de l'Heptarchie anglaise se convertirent au christianisme, pour obtenir de l'évêque qui les prêchait le secret de faire du pain blanc.

L'homme, d'un pôle à l'autre, couvre la terre de ses races différentes ; mais s'il partage la zône torride avec le singe et l'éléphant, et si, dans les zônes glacées, il est le compagnon des rennes et des ours, c'est que les herbes, les grains, les racines, les fruits, les quadrupedes, le lait, les oiseaux, les poissons, les coquillages, les insectes même, servent à sa nourriture ; et cette variété dans ses alimens lui donne une multitude de rapports avec tous les êtres.

Cet animal, dit Séneque, à qui la nature n'offrait d'abord qu'un peu de lait, parcourt les terres et les mers pour aller chercher aux extrémités du monde des alimens nouveaux ou des assaisonnemens qui relevent les alimens de son pays. L'envie de connaître toutes les substances dont il peut se nourrir, lui a fait faire bien des progrès dans les sciences; et le besoin de multiplier ses ragoûts ou ses remedes, a plus avancé la chimie que l'amour de la vérité.

Qu'on pense à l'influence que la culture du froment, du riz, de la vigne, du sucre, la pêche de la morue et du hareng, le poivre de Sumatra, le café d'Arabie, etc., ont eue sur la politique de toutes les nations, sur l'état d'une partie des hommes, sur les progrès de tous les arts mécaniques et de la navigation, et on ne doutera pas que nous ne devions au sens du goût une grande partie de nos connaissances, de nos passions, de nos lois, de notre caractere, de notre industrie, de notre activité.

Le besoin de préserver de la douleur le sens du toucher, et de lui procurer du plaisir, n'a-t-il pas influé beaucoup sur notre intelligence

et sur nos mœurs ? C'est parce que l'atmosphere, par l'excès de l'humidité ou de la chaleur, blesse le sens du toucher, que l'homme se
construit un logement, et qu'il interpose des
matieres seches entre lui et le gazon humide,
ou des matieres molles entre ses membres et
la terre endurcie par le soleil. Ce besoin et
celui de goûter sans trouble un sommeil paisible,
ont fait inventer l'architecture, les vêtemens,
les ameublemens.

N'est-ce pas pour aller chercher dans l'Asie,
sous l'équateur, et dans le Nord, les laines,
les poils, les soies, les écorces, les toiles qui
nous meublent et qui nous habillent, que nos
vaisseaux vont en Chine, en Afrique et à la
baie d'Hudson ?

Le sens de la vue nous apprit à décorer ;
c'est pour donner à nos meubles et à nos
vêtemens des couleurs qui plaisent aux yeux,
qu'on enleve la cochenille, qu'on cultive l'in-
digo, et qu'on tire plusieurs minéraux des en-
trailles de la terre ; c'est pour réjouir le même
sens que tous les peuples, soit barbares, soit
éclairés, sement de fleurs les environs de leurs
habitations : parmi ces fleurs, il y en a qui ont
de la beauté, et on les cultive également pour
le sens de la vue ou pour celui de l'odorat.

C'est pour flatter le dernier de ces sens qu'on enleve sur toutes les côtes du monde, ou des gommes, ou des résines, ou des bois odoriférans. Combien d'arts n'a pas fait inventer ou perfectionner le seul besoin de préparer des couleurs ou des parfums!

A quel degré d'invention, de combinaison, d'expression, l'envie de charmer l'ame et l'oreille n'a-t-elle pas porté la musique! Le besoin de rendre ce plaisir plus parfait, nous a fait fouler aux pieds l'humanité : nous avons mutilé les hommes pour leur conserver une voix agréable ; et de jeunes victimes sacrifient le plaisir de sentir l'amour, à celui de le chanter.

Chez le sauvage et chez l'homme policé, le sixieme sens est un des principes les plus puissants de notre industrie et de nos actions : partout il faut plaire aux femmes ou les acheter, et à quelque titre qu'on les possede, on veut les nourrir, les vêtir, les loger avec recherche : on invente des moyens de les amuser ; il faut s'en assurer la possession ; et l'amour a fait faire autant de lois, a donné autant de formes, bonnes ou mauvaises, aux différentes sociétés, a fait naître autant d'idées et de combinaisons d'idées que tous les autres besoins. Cependant, ce qui a rendu l'homme sociable, c'est surtout la longueur de l'enfance : le pere et la mere n'ont pu se séparer, jusqu'à l'adolescence de leur enfant ; celui-ci a eu des freres et des sœurs, et tous ont pris l'habitude de vivre ensemble. La société a eu d'autres causes, dont je parlerai tout à l'heure.

SECTION V.

De l'Amour propre.

Dès que l'homme a connu les plaisirs des sens, il chérit son existence, c'est-à-dire qu'il veut la rendre heureuse : voilà l'amour propre ; et Mallebranche a raison de le composer de l'amour de notre être et de l'amour de notre bien-être. La recherche du plaisir est en nous l'effet de ces deux sentimens : la plupart des plaisirs sont attachés à des moyens de nous conserver ; les autres nous rendent agréables plusieurs portions de la vie.

Lorsque l'homme n'est tourmenté ni par des sensations douloureuses, ni par la crainte de les éprouver ; lorsqu'il n'est vivement agité ni par une jouissance, ni par un desir, il est occupé de deux sentimens qui se modifient en lui de mille manières.

L'un de ces sentimens est le besoin de sentir vivement son existence ; on remarque même ce besoin chez les animaux : on voit dans ceux qui ont en abondance tout ce qui est nécessaire à leurs sens, une secrete inquiétude, une envie de changer de lieu, de se mouvoir, enfin le besoin d'éprouver des sensations nouvelles. Je ne doute pas que plusieurs de ceux qui ont tous les alimens qu'il leur faut, et leurs femelles auprès d'eux, ne souhaitent la faim et l'amour.

L'autre sentiment qui occupe l'homme, plus encore que celui dont je viens de parler, c'est le besoin de sentir ses forces, c'est-à-dire de trouver en lui les moyens d'éviter la douleur et de jouir du plaisir. Ce besoin n'est pas, dans l'homme, l'effet de la société, quoiqu'elle l'augmente. Seul et abandonné dans une île déserte, dit Fergusson, l'homme essaierait son agilité et son adresse ; il s'applaudirait de grimper légerement sur les arbres et de courir sur la pelouse avec rapidité. Ce sentiment se trouve de même dans tous les animaux. Le lion et le tigre essaient leurs griffes en se jouant ; le jeune taureau, l'agneau, même avant que leurs fronts

soient armés, frappent de la tête et préludent
au combat.

Dans l'état sauvage, le besoin de sentir ses
forces n'est dans l'homme que le desir de trouver
en lui certaines qualités physiques, et quelques-
unes de l'ame. Dans les sociétés policées, ce
besoin est encore le desir de posséder certains
avantages, comme les biens, les emplois, la
réputation, les honneurs, des talens, des vertus, etc. Enfin, je le répète, chez l'homme,
dans quelque état qu'il se trouve, le besoin de
sentir ses forces agit toujours plus ou moins :
c'est son principal mobile, et la source de la
plupart de ses passions.

Lorsqu'il possede ces qualités ou ces avantages qu'il desire, il a vivement le sentiment
de son existence; il s'estime et il aime sa maniere d'être.

Avant de parler des penchans et des passions
qui naissent, ou du besoin de sentir son existence, ou de sentir ses forces, je parlerai des
facultés de son entendement, et je le considé-
rerai comme pensant, avant de le considérer
comme sensible.

Section

SECTION VI.

De l'Entendement.

Les premiers objets qui ont frappé nos sens , nous ont donné nos premieres idées , et nos besoins nous y ont fait faire *attention ;* ces idées répétées et de nouveaux besoins ont fait naître nos sentimens et nos pensées; c'est ainsi que la nature crée notre ame : je suivrai sa marche , et je ferai connoître avec le plus de clarté qu'il me sera possible les opérations de notre esprit.

Les yeux me donnent les idées des couleurs , l'oreille celles des sons, l'odorat celles des odeurs, le goût celles des saveurs : ces idées ne tiennent point les unes aux autres, elles sont les idées séparées des différentes qualités des corps; c'est le sens du *toucher* qui les réunit dans un sujet qui peut être à la fois coloré , odorant, sapide et sonore.

J'ai reçu ces idées avec plus ou moins d'attention , et cela dépend du plus ou du moins de rapport qu'elles avaient avec mes besoins.

Les idées reçues avec peu d'attention restent faiblement gravées dans mon cerveau ; elles y

reviennent sans être accompagnées d'idées accessoires, et sans ranimer en moi le sentiment de
l'impression qu'elles ont pu me faire.

Une attention forte donne de la vivacité à
mes perceptions ; je me les rappelle avec les
perceptions accessoires, et j'éprouve encore
quelque chose du sentiment avec lequel je les
ai reçues la première fois.

Le recueil des idées reçues avec une faible
attention composent ma *mémoire*, les autres mon
imagination ; en sorte que la *mémoire* est une *ima-*
gination imparfaite, et l'*imagination* une *mémoire*
sensible.

Je vois ou je me rappelle deux fleurs ; elles
different ou se ressemblent par leurs couleurs
ou par leurs odeurs, etc. ; je sens leurs ressemblances ou leurs différences : c'est là le *ju-*
gement.

Si je considere avec attention les objets qui
frappent mes sens ou qui les ont frappés, je
me rends compte de leurs qualités ou de leurs
effets sur mon ame : c'est là la *réflexion*.

Dans ces objets de ma réflexion, souvent
je ne considere qu'une seule qualité, dans la
neige la *blancheur*, dans un arbre la *verdure* :
voilà l'*abstraction*. C'est une des premières

opérations de l'ame ; je la dois à mes sens, puisque chacun d'eux ne me présentait dans les corps qu'une qualité. *Abstraire*, c'est considérer dans les objets une qualité sans penser à d'autres. Je vois la couleur *jaune* dans l'or, sans m'occuper de la *pesanteur* ou de la *ductilité* de ce métal ; je vois la même couleur dans la jonquille, sans penser aux parfums de cette fleur, et j'ai l'idée abstraite et générale du *jaune*.

Je remarque plusieurs qualités réunies dans un même objet, et j'acquiers l'idée de la substance, c'est-à-dire de la réunion de certaines qualités qui sont ordinairement ensemble.

Je ne vois d'abord que des individus ; *ma mere*, *Jacques*, *Antoine* ; *ce chien*, *ce cheval*, etc., mais je remarque que plusieurs des individus ont des qualités communes, et j'ai bientôt les idées des *genres* et des *especes*.

Je comprends dans les *genres* les êtres qui ont les mêmes qualités ; par exemple, les oiseaux, qui tous ont des plumes, volent, etc.

Je range dans la classe des *espèces* les êtres d'un même genre qui ont quelques qualités communes entre eux, et que n'ont point les autres êtres du même genre ; par exemple, les oiseaux aquatiques sont une *espece* dans le *genre* des oiseaux.

J'ai acquis, par le sens du *toucher*, les idées de *l'étendue*, de la *distance*, du *mouvement*; j'observe la succession de mes idées, et j'acquiers l'idée du tems, de sa durée, de ses intervalles. J'ai bientôt les idées relatives de *grandeur*, de *largeur*, de *profondeur*, de *vitesse*, de *lenteur*, etc., enfin toutes les idées qu'on reçoit d'un corps en les comparant à un autre corps.

J'ai reçu peu-à-peu les idées des relations de *pere*, de *fils*, de *parent*; c'est à-peu-près dans le même tems que je me forme des idées collectives, comme de *troupeau*, de *forêt*, d'*armée*, etc.

J'acquiers plus tard les idées d'institutions, comme *roi*, *magistrat*, *citoyen*, etc.

Venons aux signes de toutes ces idées.

Sans le secours des mots, je ne pourrais fixer mes idées dans ma mémoire, les distinguer, les retrouver au besoin; je ne pourrais ni les composer ni les décomposer; ma réflexion n'aurait presque plus d'objets, et je ne ferais de mon intelligence, et de mes sens même, qu'un usage très-borné.

Les nombres ne sont que l'unité multipliée; mais cette multiplication ne peut aller loin sans le secours des mots. Condillac remarque que sans les mots on ne distinguerait pas 22 de *100*; moi, je crois que je ne distinguerais pas 12 de *10*; j'oublierais en partie mes sensations, mes jugemens.

La réflexion que je fais sur les opérations de mon esprit, me donne les idées de ces opérations et des facultés de l'entendement, telles que la mémoire, le jugement, l'imagination, le raisonnement, etc.

Mes situations différentes m'ont fait connaître le desir, l'aversion, l'espérance, la crainte, et peu-à-peu la plus grande partie des passions; j'ai reconnu les mêmes sentimens dans ceux qui m'environnaient.

J'ai reçu des secours de mes parens et de leurs amis ou de leurs domestiques; j'ai vu les hommes se secourir entre eux, et quelquefois se nuire; j'ai vu les uns haïs, et les autres aimés. C'est ainsi que j'ai acquis les premières idées des liens, des avantages, des inconvéniens de la société; la connaissance de l'ame humaine, et des notions sur les vices et sur les vertus.

Mes besoins qui avaient fixé mon attention sur deux idées pour en former un jugement, la fixeront sur plusieurs jugemens, pour en former des raisonnemens, des opinions, etc.

Lorsque j'eus l'habitude de me rappeler mes idées par le secours des mots, je pus saisir facilement les rapports de plusieurs idées, et composer, décomposer, combiner mes jugemens, mes raisonnemens, mes opinions, etc. Les passions me firent faire tous les jours de ces combinaisons.

Mon imagination stérile et passive dans la premiere enfance, devint active et féconde ; j'acquis, pour ainsi dire, une autre imagination : celle-ci me donna des vues, des desseins ; elle ajouta ou retrancha des qualités aux êtres réels ; elle rangea les objets dans un ordre nouveau, et quelquefois créa des êtres qui n'avoient de modeles que dans mon esprit. Cette imagination agit sur mes sens, exalta mes passions, m'en fit prendre de nouvelles, et souvent eut plus de pouvoir sur mon ame que mes sens même ; parce qu'aux idées qu'ils me donnaient, elle en ajoutait d'autres qui se liaient à l'idée principale et en augmentaient l'impression.

A la force de mon imagination tient beaucoup celle de mon esprit, de mon raisonnement, de ma sagacité ; je n'ai une imagination forte et une raison supérieure que parce qu'une multitude d'idées liées ensemble se présente vivement et à la fois à mon esprit.

Ces liaisons sont en partie l'effet des choses ; l'idée de mon champ se lie naturellement à celle du champ voisin : celle d'une rivière à celle de ses rivages ; l'idée d'une année, d'un jour, à celle des événemens arrivés ce jour ou cette année ; l'idée d'un étranger me rappelle l'idée de mon ami qui lui ressemble. Les idées se lient aussi par les contraires : celles des bonnes qualités d'un homme, celles des beautés d'un livre se lient aux idées de leurs vices ou de leurs défauts ; la vue d'un vaisseau brisé sur le rivage me fait penser aux tempêtes, au commerce, etc. Les idées des causes ou des effets sont fréquemment unies : la vue ou le souvenir de deux êtres, dont l'un est soumis à l'autre, associe dans mon cerveau l'idée de la dépendance et celle de la puissance.

Mais les idées des choses qui se présentent ensemble à mon esprit, n'y paraîtraient que séparément, ou ne s'y lieraient que faible-ment ; leur association du moins ne serait que passagère, sans l'attention que mes desirs, mes aversions, mes craintes, mes espérances me forcent à leur donner ; tandis que les idées des objets les plus séparés, les plus différens l'un de l'autre, se lient ensemble très-fortement par le rapport qu'elles ont avec ma situation, mon caractère, mes goûts, mes vues, mes besoins.

C'est ainsi que l'esprit associe souvent, sans s'en appercevoir, des idées qui ne sont point faites pour être unies ; celles de fantômes, par exemple, à celles de ténèbres. Ces associations singulières, portées à un certain excès, sont une des causes de la folie. Dans les personnes les plus sensées, elles sont l'origine de la plupart de ces amours ou de ces aversions dont il n'y a pas de raisons apparentes, et auxquelles on donne les noms de sympathie ou d'antipathie. Les associations d'idées, formées par quelque passion dans des circonstances singulieres, peuvent influer pour toute la vie sur la raison, le caractere, les opinions, les mœurs, les penchans de l'homme.

SECTION VII.

Des Penchans.

C'est le nom que je donne à certaines dispositions, à certaines passions qu'on remarque en nous dès l'enfance, qui ne nous quittent presque jamais, et dont plusieurs sont particulieres à notre espece. Ce n'est pas comme animaux, c'est comme hommes que nous les éprouvons ; quelques-unes cependant nous sont communes avec les animaux ; mais ils ne les ressentent ni aussi fréquemment ni aussi fortement que nous ; elles n'ont chez eux ni autant d'influence ni autant d'énergie ; elles sont moins l'effet immédiat de nos besoins physiques que du besoin de sentir notre existence, et plus encore du besoin de sentir nos forces.

SECTION VIII.

De la Curiosité.

L'homme a presque nécessairement des rapports avec tous les êtres ; les habitans des bois, des airs et des eaux sont, comme je l'ai dit, sa nourriture ; leurs vêtemens deviennent ses vêtemens. Toutes les productions de la terre, le globe entier, le ciel même doivent être les objets de la curiosité de l'homme.

Il voit que plusieurs animaux peuvent être ses esclaves, d'autres ses ennemis ; que dans les substances, les unes peuvent lui être utiles, les autres nuisibles ; et qu'en cherchant à les connaître, il apprend à se procurer des jouissances ou à éviter des douleurs.

L'enfance porte des yeux attentifs et curieux sur tout ce qui l'environne ; il n'est guère d'objets qu'elle n'observe, de sons qu'elle n'écoute, de mouvemens qui ne l'intéressent. Ce penchant est celui qui contribue le plus à enrichir sa mémoire, à éveiller son imagination, à former sa raison : il y a quelques hommes dans lesquels il devient pour toujours la passion dominante ; alors il est presque uniquement en eux l'effet du besoin de sentir et d'occuper leur existence. D'ordinaire les hommes avides de connaissances n'éprouvent que faiblement les autres passions ; les recherches et l'espérance des découvertes occupent assez leurs momens, et leur font assez sentir la vie.

Section IX.

De la Crédulité.

Nous ne pouvons guère démontrer invinciblement que les vérités qui ont pour objets les nombres et les mesures. Dans les notions morales et autres objets de nos démonstrations, lorsque la chaîne des propositions devient un peu longue, il nous est facile d'y faire entrer un chaînon qui n'y doit pas être, ou d'en supprimer un qui serait nécessaire : alors un long raisonnement peut nous conduire à une fausse conséquence.

Nous avons une évidence de sentiment, c'est-à-dire que nous avons la connaissance de ce qui se passe en nous ; mais cette connaissance n'est sûre qu'autant qu'elle est bornée à des sensations et à des sentimens simples. Dès que nos sentimens se composent, nous pouvons ignorer celui qui domine, ainsi que le nombre et la force des autres.

Nous avons une évidence de fait : nous pouvons être sûrs de la vérité de certains faits que nous avons observés nous-mêmes ; mais pour peu que les faits soient compliqués, nous ne sommes pas sûrs que nos organes, nos passions, le défaut d'attention ne nous aient pas trompés.

Nous sommes souvent obligés de nous en rapporter au témoignage des autres : si c'est en matiere de fait, comment savons-nous si les faits ont été bien examinés ? Si c'est en matière d'opinion, comment serons-nous sûrs qu'elles n'ont été reçues qu'avec des preuves suffisantes ? Si c'est en matiere de sentiment, nous ne pouvons juger de ce qu'on nous dit que d'après la connaissance toujours très-incertaine du caractere de celui qui nous a parlé.

Avec des moyens si faibles de nous assurer de la vérité, il semble que le doute devrait être notre état naturel, que du moins nous ne devrions nous déterminer à croire qu'après le plus long examen ; mais dans tous les âges de la vie, pressés de satisfaire nos passions, de pourvoir à nos besoins, de nous acquitter des fonctions que la nature ou la société nous imposent, nous avons rarement le tems de donner de solides fondemens à notre croyance; du besoin continuel d'agir naît souvent celui de croire.

Ce sont donc nos passions et notre intérêt qui nous font adopter la plupart de nos opinions, et l'imagination a souvent plus de part à la croyance des hommes que la démonstration ou l'évidence. Combien d'entre eux, par présomption ou par timidité, par précipitation ou par paresse, ne croient-ils pas avant d'avoir examiné ? On leur persuaderait les faits des Mille-et-une-Nuits. Ce qui égare, aussi souvent peut-être qu'il instruit la raison des hommes, c'est le respect extrême pour la société dans laquelle ils vivent.

SECTION X.

Du Penchant à la Superstition.

C'est un de ceux qui domine le plus le genre humain, et qui n'appartient qu'à lui; je n'en dis rien ici, et je renvoie au Commentaire sur le Catéchisme, où j'en parle avec quelque étendue.

SECTION XI.

Du Penchant à l'Imitation.

L'homme imite l'homme dans ses opinions comme dans ses actions; une nation imite une nation; ce penchant nous rend plus sociables; et quoiqu'il soit la source de bien des erreurs, il est constant que sans lui, les progrès de notre raison seraient moins rapides.

Les hommes se plaisent parce qu'ils se ressemblent, et ils s'éclairent en s'imitant. L'enfant environné de parens, occupés comme lui à chercher le plaisir et à fuir la douleur, reconnaissant en eux la plupart de ses besoins et les mêmes organes que les siens, avec une force, des lumieres, des moyens qui lui manquent, se propose bientôt de les imiter ; sa mere ou sa nourrice lui ont appris à répéter les sons dont il se sert pour exprimer ses besoins, et en marquant leur amour ou leur aversion pour différens objets, lui ont indiqué ceux pour lesquels il doit avoir l'un ou l'autre de ces sentimens ; son ame imite leur ame, comme sa bouche et son corps imitent leur maniere d'agir et de parler.

Après avoir été d'abord les disciples et les imitateurs de tout ce qui est sensible ou nous paroît raisonnable ; lorsqu'avec l'âge et l'expérience, nous avons acquis un peu de forces et de lumières, nous imitons encore ; et fort différens du Spartiate, qui ne voulait, disait-il, recevoir de leçons que de ses concitoyens, nous nous instruisons en imitant même les animaux. Le duvet, dit je ne sais quel philosophe, a passé du nid du rossignol au lit du Sibarite ; c'est après avoir observé la forme de l'oiseau qui fend les airs ou les ondes, que l'homme apprit la coupe des vaisseaux. Nous copions sans dessein, sans y penser, et machinalement, tout ce qui nous environne : *si tu converses* avec un boiteux, dit Plutarque, *tu apprendras à clocher.* Voyez les Arabes du désert, les Tartares, les Hottentots, tels qu'ils sont peints dans les Voyageurs, et vous trouverez dans leurs mœurs des traits empruntés de ces animaux qui sont les compagnons de leur vie.

Il est vrai cependant que nous sommes plus portés à imiter nos supérieurs que nos inférieurs, et même que nos égaux : en général nous n'imitons fréquemment et avec dessein, que ceux dans lesquels nous trouvons la sorte de mérite et de bonheur que nous voudrions trouver en nous-mêmes ; d'imitateurs nous devenons émules. Dans un des traités qui doit suivre cette analyse, je parlerai de l'usage qu'on peut faire du penchant à l'imitation dans les différens gouvernemens.

SECTION XII.

Du Penchant à la Société.

Une longue enfance, un accroissement tardif et lent, et le développement pénible de toutes nos facultés, ont forcé nos parens à former entre eux des liens durables ; ils ont plusieurs enfans qui tous demandent à peu près les mêmes soins et aussi long-tems ; ces enfans prennent l'habitude de vivre ensemble et avec leurs parens : voilà les causes premieres de la société ; mais toutes nos manieres d'être nous en font sentir le besoin. Que ferait l'homme seul ou borné à sa famille, contre les tigres, les lions, les loups, qui lui disputent tantôt les faibles animaux dont il fait sa proie, tantôt la libre possession de la terre ? que feraient ses dents et ses ongles contre les dents et les griffes de ses rivaux ? De tous les animaux de proie, l'homme seul est mal armé ; et pour se défendre ou pour attaquer avec avantage, il a besoin de compagnons. Il a, dit-on, la raison ; mais qu'est-ce que la raison dans l'homme séparé de ses semblables ? La société, comme dit M. de Fontenelle, est le plus grand fonds de nos idées. L'homme sans elle n'aurait plus les mots ; il ne pourrait conserver, se rappeler, combiner, augmenter ses idées ; son esprit, sans autre exercice que celui de s'occuper de sa nourriture ou de sa défense, ne sachant pourvoir ni à l'une ni à l'autre, serait inférieur à l'esprit de plusieurs animaux.

C'est en mettant en commun leurs expériences et leurs réflexions, que les hommes acquièrent le peu de connaissances qui composent leur raison ; ce sont les passions que la société fait naître, qui donnent à l'ame humaine

son

son activité et augmentent son intelligence; c'est dans la société que l'homme sent vivement son existence et peut en jouir; c'est par le commerce des secours mutuels et par les fonctions prescrites aux différens états; c'est par l'usage qu'il peut faire de la force et de l'industrie des autres qu'il a le sentiment de ses forces. Il est né pour habiter des villes, comme les abeilles pour habiter des ruches; il en sent le besoin, et il y est entraîné par des sentimens agréables; les témoignages de la bienveillance mutuelle font en partie le charme de la vie; on a besoin d'en recevoir et de les rendre : d'ailleurs nous avons tous une disposition à partager les sentimens des autres; des émotions vives et rapides passent subitement dans tous les membres d'une assemblée. Qui de nous ne s'est pas apperçu que dans une compagnie nombreuse, et qui fesait éclater les témoignages d'une vive persuasion, il avait reçu des opinions qu'il aurait rejetées dans la solitude du cabinet ? Qui de nous aux spectacles, dans une fête, dans les tems de factions et de partis, n'a pas reconnu que les sentimens des autres augmentaient, fortifiaient ses propres sentimens ? C'est là ce que les philosophes anglais appelent l'enthousiasme social, dont ils ont fait un usage trop fréquent, et dont ils ont trop exagéré l'influence. Il est pourtant vrai que dans mille occasions, les mêmes émotions, les mêmes plaisirs, les mêmes douleurs nous unissent et nous conduisent; nous sommes troupeaux.

SECTION XIII.

De la Pitié.

La douleur d'un être animé reveille vivement dans notre imagination l'idée de la douleur; elle nous la fait craindre, et la craindre vivement c'est la sentir. La pitié devient un tourment, dont nous ne pouvons nous délivrer qu'en soulageant ou en fuyant l'être malheureux. Nous sommes plus portés à le soulager qu'à le fuir, 1° parce qu'en le fuyant nous serions poursuivis par le souvenir de ses douleurs; 2° nous n'emporterions pas la satisfaction de lui avoir été utiles, et je ne sais quelle espérance cachée à nous-mêmes, que dans la même situation nous pourrions être secourus. Il est donc vrai que notre intérêt et notre amour propre peuvent rendre notre pitié généreuse; mais ils la combattent, et nous la font même surmonter. Ce penchant aimable est un des sentimens que la nature oppose en nous à la colere, à la vengeance, aux mouvemens de l'intérêt personnel ; nous lui devons les premieres notions et l'amour de la justice, il contribue, autant que notre intérêt même, à rendre les services mutuels si communs parmi les hommes. Les Athéniens avaient fait de la pitié une divinité, et lui avaient bâti un temple.

SECTION XIV.

De l'amour de l'indépendance et de l'égalité.

Le desir de sentir nos forces, qu'accompagne la crainte de sentir des forces supérieures aux nôtres ; l'envie d'employer nos facultés, nos propriétés, notre tems, à la recherche du plaisir ; le desir de le goûter sans trouble, et de nous livrer, autant qu'il nous convient, au repos ou à l'action, au sommeil ou au travail ; la crainte de ne pouvoir choisir à notre gré les moyens d'échapper à la douleur ; voilà ce qui inspire à tous les hommes l'amour de l'égalité, l'amour de l'indépendance ; il n'est guere en nous de sentimens plus forts et plus continus.

L'obéissance à laquelle nous nous sommes soumis, parce que nous avons senti la nécessité

de la dépendance, la servitude à laquelle la force
a soumis tant de misérables, n'éteignent point
dans l'homme l'amour de la liberté. C'est un
instinct qu'on endort, mais il se réveille; voyez
avec quelle ardeur les peuples les mieux gouvernés ou les plus asservis saississent les occasions de rompre leurs liens utiles, ou de briser
leurs chaînes. La crainte d'avoir un maître contribue beaucoup à nous faire craindre toute
espece de supérieur, et l'amour de l'indépendance fortifie en nous l'amour de l'égalité; nous
la desirons dans les fortunes, dans les rangs,
dans les esprits mêmes, enfin dans tout : oui,
nous craignons également la supériorité du
pouvoir ou celle des lumieres; nous avons
souvent l'injustice de haïr la supériorité qui
nous est utile, même celle de la vertu.

De tous les êtres soumis à quelque dépendance,
les mieux gouvernés sans doute ont été les
anges. Eh bien ! ils se révolterent. Cette fable
est un emblême de notre passion pour la liberté.
Les Titans étaient les maîtres d'une partie de
la terre; ils apprirent qu'il y avait sur l'Olympe
des êtres plus parfaits et plus heureux qu'ils ne
pouvaient l'être ; ils voulurent les chasser de
l'Olympe.

L'amour de l'égalité est peut-être le sentiment

qu'il faut le plus ménager dans les autres, et le plus réprimer en soi-même; sans le soin de le modérer, bientôt il devient la lâche et noire envie.

Depuis le bal masqué jusqu'aux cérémonies de l'église, où les rangs semblent être confondus, l'homme aimera toujours ce qui lui rappelle sa prétendue égalité primitive.

SECTION XV.

De l'amour de l'ordre.

Dans le sens le plus étendu, l'ordre est le rapport que plusieurs choses ont entre elles, pour former un tout et tendre ensemble au même but. Nous aimons à ranger nos idées dans certaines classes, à les placer dans une certaine symmétrie, dans un certain ordre; parce qu'alors nous craignons moins de les perdre, et que nous saisissons plus facilement les rapports qui sont entre elles. Nous aimons l'ordre dans la distribution d'un terrein, d'une maison, des ouvrages de l'art; parce que leur régularité nous sert à en voir toutes les parties sans les confondre, et ensuite à nous les rappeler, ou réunies ou séparées.

Nous aimons à placer dans un certain ordre les choses qui sont à notre usage; parce que nous les retrouvons plus aisément, et que nous ne perdons pas notre tems à les chercher; nous aimons l'ordre domestique, parce qu'au moment où il est établi, le pere, la mere, les enfans savent ce qu'ils ont à faire pour eux-mêmes, et les uns pour les autres; nous aimons l'ordre dans l'emploi de notre tems, parce qu'il nous sert à en employer utilement toutes les parties; nous aimons l'ordre dans la société, parce qu'à la faveur de cet ordre, un grand nombre d'hommes travaille pour le bonheur de tous, en travaillant chacun pour soi-même. L'amour de l'ordre social tempere en nous cet amour extrême de l'indépendance et de l'égalité, qu'il semble d'abord blesser, mais qu'il ne blesse point en effet; parce que l'ordre et des lois impartiales rétablissent entre les hommes une sorte d'égalité, et mettent une liberté sage à la place de l'indépendance. Tous sont soumis à cet ordre, et ceux qui obéissent, et ceux qui commandent; enfin, nous aimons l'ordre de l'univers, parce que nous lui devons la connaissance des tems où nous pouvons espérer les faveurs de la nature, de ceux où nous avons à craindre ses rigueurs, et que nous pouvons plus surement nous préparer à jouir des unes et à nous affranchir des autres.

SECTION XVI.

Du Ridicule.

De la connaissance et de l'amour de l'ordre naît le sentiment du ridicule, qui, dans les sociétés perfectionnées, n'est pas un des présens les moins précieux que nous ait fait la nature. Les actions, les passions, les discours, etc., opposés à l'ordre dans les matieres graves, excitent notre indignation; mais la vue des fautes légeres contre des regles peu importantes, contre des usages qui ne sont point essentiels au bien général; enfin la vue de tout ce qui blesse l'ordre dans les petites choses, excitent en nous le sentiment du ridicule, qui est composé d'un léger mépris pour son objet, et d'un retour agréable sur soi-même. Cette disposition à voir en ridicule semble particuliere à notre espece, et nous fait jouir de mille sottises, qui nous affligeraient si nous les regardions sérieusement. Si dans les grandes sociétés, la raison était plus perfectionnée qu'elle ne l'est encore, un des usages les plus fréquents et les plus heureux qu'on pourrait faire du ridicule, serait de le faire tomber sur le vague des idées, sur l'habitude des sophismes , sur les enthousiasmes déplacés. Le sentiment du ridicule a quelques causes dont je ne dis rien ici, et dont je parlerai dans la suite.

SECTION XVII.

Du penchant au mouvement et aux sons mesurés.

L'homme se plaît à partager le mouvement et le son en tems égaux. Si je parcours un espace étendu et libre, j'y tourne et reviens sur le même terrein ; si je suis tranquille sur mon siege, je balance par des mouvemens périodiques ou ma jambe ou mon bras.

Le scieur de planches ou de pierres , le forgeron, etc., asservissent à la mesure les mouvemens pénibles que leur travail demande. Le laboureur en traçant ses sillons, l'artisan à son atelier, chantent et répetent un air monotone, et dont la mesure est le seul mérite.

Cette passion d'asservir à la mesure les discours, les sons, les mouvemens, origine de la poësie, de la musique et de la danse, a des causes physiques. La vie s'entretient par les mouvemens réglés de plusieurs muscles, qui peut-être déterminent à d'autres mouvemens du même genre.

La mesure ajoutée au mouvement de l'homme qui travaille, lui donne la facilité de ne point changer de mouvement, et de continuer celui qui convient le mieux à ses forces et au genre de son travail. De plus, en asservissant son mouvement et le son à la mesure, l'homme, pour continuer l'un et l'autre, n'est pas obligé d'y faire beaucoup d'attention, et peut faire à la fois usage de plusieurs de ses facultés ; il chante et il travaille ; son corps agit et son esprit pense ; il a donc plus vivement le sentiment de son existence, et par cette raison seule il est plus heureux.

SECTION XVIII.

Des Passions.

Après avoir parlé de ces penchans auxquels ceux qui ont analysé l'homme ont fait trop peu d'attention, je vais parler des passions même ; mais qu'il me soit permis de n'en définir le plus grand nombre que dans le Catéchisme ; la plupart de mes lecteurs en ont à-peu-près des idées justes, et tous peuvent en saisir la théorie sommaire que je vais en donner.

Nos passions ont pour cause l'amour ou l'aversion. L'amour, pris dans le sens le plus général, est ce sentiment de complaisace et de goût que nous inspirent les choses ou les personnes qui, par leur possession, leur présence ou leurs services, peuvent nous donner du plaisir.

De cet amour naissent la bonté, la générosité, la bienveillance, l'amour proprement dit, la reconnaissance, l'admiration, l'amour de la patrie, de l'ordre, de la vertu, l'amour conjugal, filial, paternel.

Lorsque l'une de ces passions est satisfaite, l'ame éprouve des sentimens qu'on appelle encore des passions : par exemple, la joie, sentiment vif et doux de l'homme qui possede ce qu'il a desiré vivement; la volupté, qui est le plus grand plaisir de l'ame ou des sens, accompagné de réflexion.

L'aversion est un sentiment de dégoût et d'éloignement que nous inspire tout ce qui peut nous nuire. Les passions, qui sont les effets de ce sentiment, sont la haine, la colere, la vengeance, etc. De celles-ci naissent la malignité, la méchanceté, la cruauté, la perfidie, etc.

Il y a des passions qui peuvent avoir pour causes, tantôt l'amour, tantôt l'aversion; telles sont le chagrin, la tristesse, qui peuvent être l'effet de la présence de ce qu'on hait, ou de l'absence de ce qu'on aime. Le respect, ce sentiment que nous inspirent ceux dont il y a beaucoup à espérer et à craindre : si l'espérance l'emporte, le respect est mêlé d'amour; si la crainte domine, le respect est mêlé de haine. La mélancolie est aussi de ce genre : il y en a une qui se plaît dans ses regrets accompagnés de souvenirs agréables; l'autre est l'abattement de l'homme, mécontent de son état et de lui-même. La jalousie est composée de l'amour pour le bien qu'on possede, et de l'aversion pour ceux qui voudraient nous l'ôter.

Le dédain, le mépris, ne sont que le dégoût plus ou moins fort, que nous font éprouver ceux qui n'ont ni les qualités ni les vices qui pourraient nous nuire ou nous servir.

Il y a des passions qui paraissent être les effets immédiats de notre amour propre et du sentiment de nos forces. Tels sont le contentement de soi; ce sentiment d'une joie pure et modérée, que nous donne la persuasion où nous sommes que nous possédons les qualités et les moyens les plus utiles à notre bonheur ; l'orgueil, qui s'exagere les qualités et les moyens qui sont en lui, et ne les voit point dans les autres ; le courage, l'honneur, la présomption, la gaîté, l'émulation, ont la même source.

Il y a des passions qui paraissent être l'effet immédiat de notre faiblesse : la pusillanimité, l'envie, la paresse, la superstition, la honte, et le repentir, qnand il n'est pas accompagné de l'espérance et de la volonté de réparer ses torts. La vanité est l'envie d'augmenter nos forces en les exagérant ; elle est souvent l'effet de notre faiblesse, que nous voulons cacher sous l'étalage de petites qualités que nous possédons, ou en nous parant de qualités que nous ne possédons pas.

Il y a quelques passions dont le but est d'ajouter une force étrangere à nos forces personnelles ; l'homme le plus content de ses organes et de ses qualités sent qu'elles ne peuvent lui suffire, ni pour obtenir toutes les jouissances dont il a les idées et dont il aura peut-être les desirs, ni pour échapper à tous les dangers qu'il peut craindre : voilà pourquoi il veut avoir des richesses, des emplois, de la gloire, et même de la vertu.

Les richesses procurent beaucoup de jouissances ; elles assurent des secours contre plusieurs sortes de douleurs ; on doit donc les rechercher. Les premieres places des sociétés procurent à la fois et des jouissances, et des moyens d'échapper à un danger : on a de l'ambition. La gloire, dit M. Helvétius, est le cri de la reconnaissance universelle, et cette reconnaissance peut être la cause de tant de sortes de plaisirs, elle peut préserver de tant sortes de douleurs, qu'elle doit exciter, comme les richesses et les emplois, les plus fortes passions. La vertu est si utile à tous les hommes qu'elle doit faire aimer, défendre, protéger, élever celui qui la possede.

Ces passions qui ont pour objet une nouvelle puissance que nous voulons acquérir, ont une force étonnante sur notre ame ; il n'y en a point auxquelles l'imagination donne plus d'étendue et d'activité.

Ce sont les biens ou les maux dont nous n'avons que des idées vagues et confuses, qui nous inspirent un amour plus ardent, une aversion plus puissante. S'il y a quelque objet de nos desirs que nous connoissions parfaitement, c'est assurément les plaisirs que nous devons aux besoins physiques, et cependant le gourmand, l'homme livré au goût des femmes, sont-ils disposés à entreprendre d'aussi grands travaux pour avoir d'excellens mets, ou de belles filles, que l'homme amoureux de la gloire, des emplois, de la vertu, de la patrie, des richesses ?

Dans bien des têtes, l'amour de Dieu est le plus puissant de tous les amours ; la crainte du diable est la plus puissante de toutes les craintes ; et quel dévot eut jamais des idées précises ou des persécutions dont l'un nous menace, ou des biens que l'autre nous promet ?

Non, les passions ne sont jamais excessives quand on connaît avec précision le genre et la quantité des biens qu'elles poursuivent, ou des maux qu'elles veulent éviter. L'imagination alors est oisive, et les passions dont elle ne se mêle pas sont toujours modérées. Je vais faire sentir cette vérité.

Qu'un voyageur, dans la plus belle saison de l'année, soit tout-à-coup transporté sur une montagne, d'où il découvre un pays étendu, semé de bocages, de prairies entrecoupées de ruisseaux, de riches moissons, de cités opulentes, et de villages entourés de jardins fertiles ; que ce pays soit terminé au loin par des montagnes cultivées, d'ou tombent des cascades ; qu'un large fleuve le parcoure et se perde à l'horison dans le sein des mers : la vue de ce pays éveille dans l'ame du voyageur une foule de sensations et de sentimens agréables ; il ne s'arrête sur aucune de ses idées, mais il se compose de toutes un seul sentiment : c'est de l'amour mêlé d'admiration ; c'est de l'enthousiasme ; il voit confusément que cette belle contrée peut exercer à la fois ses sens, ses penchants, ses passions, et leur donner des jouissances ; il meurt d'envie de l'habiter ; mais qu'il s'y arrête assez pour se faire de justes images des parties et des qualités du pays, il découvrira peut-être qu'il est sujet aux ouragans, aux intempéries des saisons, à des momens de stérilité, et qu'enfin il promet plus qu'il ne donne le bonheur.

Ce que le voyageur verra plus surement encore, c'est que dans la multitude des biens qui se présentent à ses yeux, il y en a plusieurs auxquels son âge, sa situation, son caractere, lui défendent de prétendre. Il aimera encore ce beau pays, mais son amour ne sera plus de l'enthousiasme, il perdra le vague des espérances et des desirs ; il choisira ses jouissances, et les choisir, c'est les borner.

Les grandes places, une réputation éclatante, une fortune immense sont ce beau pays que voit de loin mon voyageur. Ainsi, l'ambitieux, l'homme avide de gloire ou de richesses, se promettent l'abondance des plaisirs de tous les genres, et ceux de la nature, et ceux que le luxe peut donner. Les autres passions ne promettent à ceux qu'elles animent, que des plaisirs d'un seul genre et en petit nombre.

Fesons ici une remarque importante.

Toutes les passions qui tiennent au sentiment de bienveillance, toutes celles qui nous lient à nos semblabes, sont agréables par elles-mêmes, et on ne les éprouve point sans plaisir. Toutes celles qui tiennent au sentiment d'aversion, et qui peuvent nuire à la société, sont des passions tristes par elles-mêmes, et qu'il est pénible d'éprouver. Aimer c'est jouir, haïr c'est souffrir. J'ajouterai un mot : le plaisir est plus près de la vertu que le chagrin.

Voici une autre vérité qui ne devrait échapper à aucun homme qui fait des retours sur lui-même, et dont cependant les moralistes et les instituteurs ne font point d'usage.

Quoiqu'en général le nombre et la force des désirs, des passions, des besoins du cœur et des sens, paraissent être l'effet de l'organisation, et d'une dose extrême de ce feu céleste, de ce principe ignoré de vie et de sentiment que la

nature

nature n'a pas mis également dans tous les hommes; il suffit souvent d'exciter une passion quelconque pour donner à l'ame une sensibilité universelle. L'homme qui paraît froid et stupide, dès qu'on a trouvé le moyen de l'émouvoir, peut devenir susceptible de plusieurs passions.

Un seul sentiment d'amour ou de haine donne à l'ame une attention, une curiosité, qui l'enrichit de sentimens et d'idées; une espérance vive, une forte crainte excitent en elle une activité qui lui était inconnue, qu'elle porte sur plusieurs objets, et qu'elle peut conserver.

Voici une remarque qui confirmera cette derniere, et qui est elle-même une vérité importante.

Lorsque nous avons une passion forte, et qu'en même tems nous en éprouvons une autre, d'un genre opposé, celle-ci augmente en nous la premiere, dès qu'elle ne la détruit pas. On n'aime jamais autant sa maîtresse que lorsqu'elle a fait sentir les mouvemens de colere, de crainte, de haine, qu'inspire la jalousie.

J'ajouterai encore que ce sont les jouissances probables, et non les jouissances assurées que nous désirons avec le plus d'ardeur; c'est surtout le passage de l'espérance à la crainte, de la crainte à l'espérance, qui nous émeut au plus

Tome I. G

haut degré. C'est l'agitation de l'ame en sens contraires, qui exalte la sensibilité de l'homme, au point qu'il peut se plaindre de se trouver trop sensible. Il n'y a point de passion que le doute ou l'incertitude ne puisse augmenter.

Il n'y a pas, à proprement parler, de passion simple. Quel desir n'est pas mêlé d'espérance, de crainte, de tristesse ou de joie ! la crainte s'allie à l'aversion, au chagrin, au sentiment de notre faiblesse ; le courage est formé du sentiment de nos forces, du desir de l'honneur, de l'amour du succès, de la crainte de la honte, quelquefois de la colere, de la haine, etc.

L'amour des femmes n'est d'abord que le desir de la jouissance ; mais il est bientôt mêlé de bienveillance, de vanité, souvent de jalousie : ces dernieres passions, avec le desir d'augmenter son existence, sa puissance, ses lumieres, peuvent entrer dans l'amitié.

Quel mélange d'espérance et de crainte, de disposition à l'estime et à la haine, n'y a-t-il pas dans l'émulation ? La vengeance, le sentiment de la force peuvent augmenter la colere ; la crainte, le chagrin et la honte, forment le repentir. De combien de sortes de sentimens, l'amour de la vertu et celui de l'ordre ne sont-ils pas composés ? L'amour de la patrie est souvent l'assemblage de tous les autres amours. Si l'envie a sa source dans cet amour de l'égalité, qui, dans tout supérieur, nous fait craindre un maître, elle est mêlée du sentiment de notre faiblesse, de tristesse, de haine, de malignité, de méchanceté.

Les autres passions ne sont pas plus simples que celles dont je viens de parler ; toutes sont tantôt les causes, tantôt les effets, tantôt les compagnes d'autres passions ; elles se combinent sans cesse, et ces combinaisons se varient à l'infini. C'est la diversité de ces combinaisons qui fait la différence des peuples et des individus ; c'est elle qui fait la différence d'un homme à lui-même.

Les passions d'un genre opposé, comme une passion triste et une passion agréable, s'allient quelquefois ; mais en général presque toutes les passions du même genre, comme la haine, la colere, la vengeance, le chagrin, ne vont guères l'une sans l'autre. Il en est de même des passions agréables, comme la bienveillance, la bonté, le contentement de soi, la justice, etc. ; ces respectables sentimens sont rarement séparés. Voyons ce que les passions sont dans l'homme que la société n'a ni corrompu ni perfectionné.

SECTION XIX.

Réflexions sur les passions de l'état sauvage, comparées avec les passions des sociétés plus ou moins avancées.

Ces penchans et ces passions sont les ressorts éternels de l'homme ; mais sa situation, son âge, le gouvernement sous lequel il vit, etc., lui font éprouver tantôt l'un tantôt l'autre de ces sentimens avec plus ou moins d'énergie. Ils naissent, s'affaiblissent, se fortifient, se combinent, ou se séparent au gré des circonstances. L'Iroquois ou le Caraïbe a dans son cœur le germe des passions communes dans Londres et dans Paris ; mais souvent il ne les éprouve pas, ou il ne les éprouve ni au même degré ni de la même maniere.

Le sauvage ne s'occupe guere que du présent ; l'avenir et le passé semblent ne point exister pour lui. Il y en a même qui n'ont que fort peu d'idées des périodes du tems, et tous en connaissent trop peu le prix, pour en apprendre avec quelque application toutes les mesures et toutes les divisions. Absorbés par le soin de se procurer les jouissances du moment, ils ne

portent pas leurs pensées sur les jouissances éloi-
gnées ; conduits par les idées du plaisir actuel,
de la douleur actuelle, ils ne le sont gueres par
celles du bonheur ou du malheur.

C'est l'envie de nous maintenir dans un certain état, ou de le rendre meilleur, qui éveille
notre curiosité ou notre industrie ; c'est ce desir
qui nous fait sentir le prix des connaissances ;
et c'est à mesure que l'homme acquiert de nouveaux besoins, qu'il acquiert le desir de s'instruire.
Le sauvage qui ne voit point les rapports que
différens êtres peuvent avoir avec son bonheur,
n'a qu'une curiosité vague, qui est amusée par
de nouveaux objets, mais qui n'est fortement
occupée d'aucun.

Dès qu'il n'est pas déterminé à penser par
quelque utilité présente, son esprit est sans
action. Il s'ensuit qu'il a peu d'idées, qu'il ne
les compare point, et même qu'il ne les classe
point ; il y a des sociétés sauvages où les idées
de genres et d'espèces sont à peine connues ;
elles ont peu d'idées abstraites, et il n'y a pas
chez elles plus de notions morales que de besoins.

Les sauvages n'ont pas l'esprit d'invention ;
parce qu'il résulte de la force des passions, et
de la combinaison des idées ; lorsqu'ils font

quelques découvertes , c'est au hasard, et non à la méditation qu'ils les doivent.

Leur raison est donc très-imparfaite , et ne leur apprend que bien peu à résister à leurs penchans. La paresse est un des plus puissans ; le besoin présent peut seul les tirer de leur inaction ; et si on peut leur inspirer quelque activité , on ne peut jamais les rendre laborieux.

Ce n'est pas qu'ils ne connaissent le poids de l'ennui : c'est pour réveiller leur ame engourdie, qu'ils aiment avec passion les liqueurs fortes , malgré les inconvéniens qu'elles ont chez des hommes en qui toute raison s'éteint facilement. L'amour du jeu est fort commun chez eux, et n'y a pas moins de dangers que chez les nations policées : ils jouent leurs armes, leurs cabanes, leur chasse , et quelquefois leur liberté. Le penchant aux mouvemens et aux sons mesurés, contribue beaucoup à leur amusement ; ils aiment la danse et la poësie qui, chez eux, n'est presque jamais séparée du chant. Leur danse est souvent pantomime : ce sont des combats qu'elle imite presque toujours ; et leur poësie chante plus les exploits de la haine et de la vengeance que les plaisirs de l'amour.

Il n'est chez eux que le besoin des sens : la beauté n'y étant pas voilée, l'imagination n'y ajoute rien aux desirs; la pensée de l'amant ne s'y promene pas avec une voluptueuse incertitude d'une perfection à l'autre; il sait trop précisément le prix de la jouissance qu'il desire, pour la desirer fortement. L'amour propre, la vanité, l'estime mutuelle, la conformité des goûts amusans, tout ce qui donne ici tant de puissance à l'amour, ne peut lui en donner chez des hommes qui ont du mépris pour les femmes, et chez des femmes qui éprouvent la tyrannie des hommes. L'amour conjugal y est encore plus froid que parmi nous : c'est une esclave plus qu'une compagne, que veulent avoir la plupart des sauvages; ils les achetent quelquefois assez cher, mais moins qu'ils n'acheteraient une bouteille d'eau-de-vie, ou des armes. Le sexe faible qui, dans les sociétés vraiment policées, est un objet d'amour et d'estime, est chez eux un objet de mépris; ils sentent le plaisir de s'en faire obéir, et non celui de le protéger : ils n'aspirent point à lui inspirer des sentimens tendres, et ils ne peuvent renoncer au plaisir de commander pour celui d'être aimés.

Si quelques sauvages ont pour leurs femmes une véritable affection, ils semblent craindre de la lui montrer; soit qu'ils pensent que la connaissance de ce secret donnerait à leurs femmes quelque empire, soit que les sentimens tendres leur paraissent tenir à la faiblesse.

L'amour paternel n'est senti dans la plupart de ces sociétés naissantes, que dans les premieres années des enfants ; mais ce sentiment passe comme chez les animaux, au moment où les enfants n'ont plus besoin de leurs parens.

L'ame du fils n'y est point l'ouvrage du pere ; celui-ci ne s'attache point à l'autre par des soins répétés long-tems : dès que le jeune homme a la force de jeter le filet, ou de tirer de l'arc, il est aussi riche, aussi instruit que son pere, et ne dépend plus de lui ; il n'y a plus de rapports de nécessité entre les enfants adultes et leurs parens. Dans les sociétés policées, les lois, les propriétés qui sont entre les mains du pere, maintiennent des rapports de dépendance entre lui et ses enfans ; il peut se flatter que sa vieillesse sera consolée par ceux dont il a bercé l'enfance. Les sauvages n'ont pas les mêmes espérances.

L'amour filial n'est pas plus constant chez eux que l'amour paternel : des enfants qui, dès l'âge de quinze ou seize ans, n'ont plus besoin de consulter l'expérience de leurs parens, et n'ont aucun bien à en attendre, conservent à peine, pour les auteurs de leurs jours, un faible reste de l'habitude de les aimer, et un léger souvenir des caresses qu'ils en ont reçues.

Ce souvenir n'a pas beaucoup d'effet. La reconnaissance est un sentiment inconnu dans les forêts de ces hommes ignorans ; on y rend peu de services, et on n'en exige pas.

Aucun sauvage ne s'est jamais avisé que les bienfaits pouvaient former une chaîne. *Ne t'attends qu'à toi seul*, est chez eux le précepte le mieux suivi.

Quelques-uns cependant connaissent l'amitié, et même elle n'est pas pour eux l'effet d'un goût passager, d'un faible rapport de sentimens, ou de quelques convenances légeres : c'est la ligue de deux hommes contre tous ceux qui pourraient leur nuire ; c'est en eux un dessein suivi de ne point séparer leurs intérêts, de vivre l'un pour l'autre, enfin de se doubler, comme dit Montagne. On ne voit guère de cette sorte d'amitié que dans l'Amérique septentrionale : elle y est une religion, un culte, le plus sacré des contrats. Au reste, les sauvages de cette partie du globe, ont aujourd'hui plus de douceur, d'intelligence, et de noblesse d'ame, qu'ils n'en avaient autrefois, avant de vivre au milieu des Anglais.

Le sauvage, égoïste à l'excès, reste d'ordinaire

isolé au milieu de ses semblables : il prévoit trop peu pour sentir souvent qu'il a besoin des autres. Il ne sait pas s'en ménager la bienveillance ; il n'éprouve guère ce sentiment, quoiqu'il éprouve celui de la pitié, et qu'il soit assez disposé à secourir ses compagnons.

On a dit assez généralement qu'ils avaient beaucoup l'amour de la patrie, cela mérite explication : je sais que le Lapon, l'Hottentot, l'Algonquin, etc., aiment les forêts où ils chassent, pêchent, et font l'amour. Mais si, pour aimer la patrie, il faut s'en occuper beaucoup, travailler pour ses concitoyens, leur faire de grands sacrifices, le sauvage n'aime point sa patrie. Ce qui lui a fait attribuer cette vertu, c'est l'espece de rage qu'il montre dans les combats, c'est la cruauté qu'il exerce après la victoire. Mais prenez garde aux causes et aux effets de leurs guerres : 1°. c'est d'ordinaire la forêt où ils chassent, la riviere où ils pêchent, que leurs ennemis veulent usurper ; 2°. ils ne font pas la guerre pour augmenter leur puissance, pour humilier leurs ennemis, mais pour les détruire. Il n'y a donc pas de guerre où le sauvage ne risque de perdre sa subsistance, ou de mourir dans les tourmens : c'est donc pour lui-même qu'il combat, c'est uniquement comme individu, et non comme membre d'une société, qu'il hait ses ennemis. Si sa haine est exaltée au dernier degré, c'est l'effet de cet enthousiasme social dont j'ai parlé, et par lequel, de plusieurs hommes qui ont de la haine, chacun d'eux l'éprouve plus violemment qu'il ne l'éprouverait s'il était seul.

L'amour de la justice, cet amour qui, sans la crainte de la vengeance ou de la loi, nous fait prendre le parti le plus juste, même contre nos intérêts du moment, est, chez l'homme policé, l'ouvrage de l'éducation, de l'opinion, de la réflexion, et ne peut être fort puissant sur l'homme de la nature; non plus que l'amour de l'ordre, de la vertu, et toutes les passions qui demandent de certaines combinaisons d'idées, et qui naissent en nous du desir d'ajouter à nos forces personnelles une force de situation. L'ambition ne peut animer des hommes chez lesquels les premieres places ne donnent ni avantages ni autorité : chez les sauvages, les chefs choisis pour la guerre, persuadent plus qu'ils ne commandent ; on les suit, mais on ne leur obéit pas : au retour de la campagne, le chef victorieux rentre dans la classe de ses égaux, et les femmes lui préferent un bon chasseur.

L'amour de la gloire n'est pas plus vif chez eux que l'ambition ; leurs sociétés ne forment pas un peuple : les faibles louanges des membres qui les composent, sont des témoignages d'estime, et non le bruit vague de la renommée. Elles ajoutent en eux au sentiment de leur force personnelle, et ne leur promettent jamais une force de situation, parce que leurs sociétés ne sont pas plus reconnaissantes que les individus.

Il est, je pense, inutile de dire que l'amour des richesses n'influe pas sur les mœurs d'un peuple sans luxe, sans monnaie et sans propriétés. Ce qui empêcherait surtout l'ambition, l'amour de la gloire, l'amour des richesses, de se montrer chez les sauvages, c'est leur amour pour l'égalité. Celui d'entre eux qui étalerait, dans sa cabane, un genre de commodités auxquelles ses compagnons ne pourraient prétendre, courrait risque de les voir enlever et mettre en pieces.

L'amour de l'égalité et de l'indépendance, que la société affaiblit sans le détruire, se montre dans toute son énergie, chez des hommes qui croient se suffire à eux-mêmes, qui n'ont connu ni les besoins ni les passions factices, et qui ne voient point dans les autres une sorte de bien-être qu'il ne leur est pas permis d'espérer.

L'amour extrême de l'indépendance ferme souvent leurs cœurs aux sentimens généreux, à la bienveillance, et même à la justice.

L'amour de l'égalité doit y rendre l'envie furieuse et terrible, mais elle a peu d'occasions d'y naître, et c'est un des avantages de leur état.

Ils ont de l'orgueil, mais ils se gardent bien de le laisser voir à leurs égaux; ils sont au contraire fort complimenteurs les uns envers les autres; mais ils accablent du mépris le plus dur tout ce qui est plus faible qu'eux. Ils ont moins de mépris pour les étrangers que n'en ont les nations à demi civilisées.

Ils ont de la vanité; ils se fardent, ils se parent des ornemens les plus extravagans, et ils se complaisent dans le récit de tout ce qu'ils ont pu faire qui mérite quelque louange.

On a vanté leur candeur, leur véracité : il est vrai qu'ils trompent peu, parce qu'ils ont rarement intérêt de tromper; mais dès que la fausseté et même la perfidie leur sont utiles, ils portent ces vices plus loin que l'homme des sociétés policées; c'est alors qu'ils sont maîtres d'eux-mêmes.

Avec un orgueil et une vanité qu'on ne contrarie guere, n'ayant pas à se disputer des avantages, rarement rivaux, ils connaissent peu la médisance, la malignité, la méchanceté, et cette disposition à déprimer et à nuire, qui sont les épines des sociétés policées.

Ils sont susceptibles de toutes les superstitions possibles ; ils multiplient les divinités, et surtout les divinités malfaisantes, ce qui prouve qu'ils ne sont ni bons ni heureux. Cependant ils ont, en général, une idée vague et confuse de l'Etre suprême.

Leur colere va jusqu'à la démence ; leur vengeance est atroce, leur haine implacable. Voilà les passions les plus puissantes de l'homme abandonné à lui-même : ce sont elles qui excitent le plus son industrie ; et il n'y a guere de nation sauvage qui n'ait appris à empoisonner ses armes, avant de savoir se vêtir et se loger commodément.

Il y a toujours quelque chose de lâche dans leur vengeance : ils cherchent à surprendre plutôt qu'à vaincre leur ennemi, et c'est contre cet ennemi désarmé qu'ils font éclater leur plus grande fureur. Ainsi, le courage est plus rare chez eux que chez les nations policées les plus amollies. Ils ne rougissent pas de fuir ; ils n'ont point placé leur point d'honneur dans la valeur, mais dans la constance ; et ils estiment moins l'audace qui fait vaincre, que l'opiniâtreté qui refuse de s'avouer vaincue. Peu accoutumés à méditer, n'ayant qu'un petit nombre de mots qui expriment des réflexions et presque aucun de ceux qui rappellent des collections, ils sont conduits par des usages, plus que par des régles : ils suivent, pour ainsi dire, physiquement ces usages, parce qu'ils les ont vu suivre, et que, d'ordinaire, ils ont dû leur origine à quelque utilité. D'après ces usages, plus ou moins heureux, il s'établit des opinions plus ou moins fortes, plus ou moins raisonnables, qui leur tiennent lieu de loi ; mais leur vie est une routine éternelle, et jamais un systême.

Voilà, je crois, la peinture la plus exacte qu'on ait faite encore de ces hommes dont on a voulu, depuis quelque tems, nous vanter les vertus et le bonheur. Il y a entre eux quelques variétés : le sauvage du Midi n'est pas semblable, en tout, à celui du Nord ; et ces hommes, dont la raison n'a pas fait de progrès, sont plus immédiatement que les peuples policés, sous la puissance du climat.

S E C T I O N X X.

Du Climat.

Son influence a été trop contestée par M. Helvétius, et peut-être M. de Moutesquieu lui a-t-il donné trop d'importance ; l'un et l'autre ne l'ont point observée où elle doit l'être, chez l'homme sauvage.

Parcourez le globe, voyez ces pays brûlans, où le soleil est presque toujours au zénith , et où la terre , fertilisée par les feux de cet astre puissant, et par les exhalaisons des grands fleuves et des mers , se couvre de végétaux propres à la nourriture de l'homme, vous verrez le Negre, l'Otahitien , l'habitant des Antilles , content d'être amusé par des sensations, vivement occupé du physique de l'amour , ne porter son industrie que sur les objets de ses amusemens, ne point perfectionner sa raison , et s'abandonner à la nature. Il a des joies vives , et presque sans cause, elles semblent n'être en lui que le sentiment de sa douce existence. Il a des terreurs subites, des enthousiasmes momentanés ; il est mobile à l'excès : sa superstition est communément plus gaie que sombre ; il a la douceur, la colere, la tendresse momentanée, la malignité,

la

la curiostié légère, le mélange de mensonge et de candeur, l'abattement dans la douleur, la pusillanimité, le peu de défiance et de réflexion, la naïve impétuosité, l'imagination passive, qui caractérisent l'enfance.

Visitez ensuite les zônes tempérées, mais approchez-vous assez des cercles polaires, pour que la différence du climat soit très-sensible ; choisissez, pour les observer, l'Iroquois ou le Patagon, le Samoyede ou l'habitant de la nouvelle Guinée, vous leur verrez de l'inquiétude, et moins de penchant à la paresse : ils ont, plus que les peuples des pays chauds et fertiles, le courage qui affronte le danger, et celui qui dompte la douleur. On les voit, jusqu'à un certain point, et même avant que leurs sociétés soient éclairées, susceptibles d'une curiosité persévérante. On les trouve capables d'attention, et de faire des recherches suivies : ils ont d'assez longues chaînes d'idées, du raisonnement, quelque commencement de systême de conduite. Ils ont de la férocité, de la défiance, de la dissimulation, un médiocre penchant à l'amour.

Dans les pays froids, il faut de l'invention et du travail pour se nourrir, se vêtir, et se loger ; dans les pays chauds, l'homme n'a presque pas besoin de vêtemens : la terre lui donne des alimens, sans qu'elle y soit forcée par une pénible culture ; il n'est point obligé à des chasses, qui augmenteraient nécessairement sa force et son industrie : quelques branchages, assemblés sans peine et sans art, forment sa cabane, où il ne cherche que le repos et l'ombrage.

Les besoins du premier le forcent donc à exercer son esprit et son corps, qui prennent plus de vigueur ; il a plus à se défendre de la douleur qu'à chercher le plaisir. Les besoins du second, trop aisément satisfaits, n'éveillent pas son industrie : il n'est forcé ni au travail du corps ni à celui de l'esprit. Dans son oisiveté, il a besoin d'amusement, et il reçoit des campagnes qu'il habite et de l'air qu'il respire, beaucoup de sensations agréables : la chaleur seule donne à ses muscles un doux relâchement, qui le dispose au plaisir, ou le fait jouir du repos. Il ne mettra donc pas plus d'invention à se procurer des amusemens qu'à pourvoir aux nécessités de la vie. Les beaux arts n'ont pas fait plus de progrès en Afrique et au Pérou, que la philosophie et les arts nécessaires.

Le froid tend les muscles et blesse les fibres : la sensation en est douloureuse, et lors même qu'elle n'est point extrême, elle avertit l'homme de veiller à sa conservation ; elle lui inspire l'inquiétude, et le dispose à faire usage de ses forces, moins pour jouir que pour se défendre. Il a envie d'augmenter ses forces, et il éprouve les passions qui sont les effets de ce sentiment ; il est obligé de combiner ses idées, de raisonner, d'inventer : ses lumieres s'étendent, ses commodités augmentent, et ses amusemens même se ressentent de son esprit de lumiere et d'invention. La philosophie et les beaux arts n'ont fait des progrès que dans les zônes tempérées.

Dans les zônes plus voisines du Tropique, les peuples ont mieux réussi dans les arts qui demandent une imagination vive et beaucoup de sensibilité. Les peuples les plus voisins des cercles polaires, ont eu plus de succès dans des genres qui demandent de la mémoire, une attention constante, et des recherches suivies. C'est vers le Nord que naissent ceux qui connaissent l'histoire et la nature ; c'est vers le midi que naissent ceux qui les chantent.

Vous pouvez remarquer dans les zônes tempérés, que pendant la saison des chaleurs, les hommes ont, en partie, la mollesse, la tendance au repos, l'incurie, communes chez les nations placées entre les tropiques ; et que dans la saison des frimats, ils ont plus de cette activité inquiete, de cette âpreté, de cette force, qu'on remarque chez les peuples qui ne sont pas fort éloignés des cercles polaires.

Les nations trop voisines de ces cercles, forcées par les rigueurs du climat et par la stérilité de la terre, à ne s'occuper que des besoins physiques, ne font que bien lentement de faibles progrès dans la civilisation : elles conservent un caractere d'indolence et de stupidité; comme les nations placées dans la zône torride, ont un caractere mobile, et de la légereté dans l'esprit comme dans les passions.

Dans les causes de l'influence du climat, il faut comprendre les genres d'alimens et de boissons qu'on lui doit; ils donnent à ceux qui en usent, plus ou moins de force ou de mollesse, de calme ou de vivacité, de gaîté ou de mélancolie, de douceur ou de colere, de continence ou de penchant à l'amour. Nous voyons donc que la nature, qui met tant de différences entre les animaux et les végétaux des différens climats, a plusieurs moyens de mettre de la variété entre les nations. Elle fait dominer chez l'une certaines qualités, certaines passions; elle les prive de quelques autres, jusqu'à ce que les institutions politiques, les lois, les religions, une nouvelle suite d'événemens, viennent effacer, en partie, ses traces : cependant, on les reconnaît encore. C'est la nature qui détermine toujours un peu le degré et l'emploi de notre intelligence, le moral de l'homme, et enfin ce qu'on appelle le caractere : elle a peut-être autant de part à celui des individus qu'à celui des nations. C'est du premier que je vais parler.

SECTION XXI.

Du Caractere.

Les physiciens et les médecins qui rapportent tout à leurs systêmes, donnent pour cause de la différence qu'on remarque entre les caracteres, celle des tempéramens, qui sans doute y influe beaucoup. Ils prétendent que l'homme bilieux est nécessairement dominé par certaines passions; le sanguin, le phlegmatique, par d'autres; et qu'aucun d'eux n'éprouve, ni au même degré ni de la même maniere, les mêmes passions. Selon eux, la constitution faible de cet homme le rend sujet à la colere, à la peur, plus voluptueux qu'emporté dans les plaisirs des sens; c'est parce que cet autre est vigourexx et robuste, qu'il n'est délicat ni dans le choix de ses jouissances, ni dans sa maniere de jouir, et qu'il s'irrite et s'appaise difficilement.

Cela est vrai jusqu'à un certain point. Mais les premieres liaisons de nos idées, qui forment le tour de l'esprit et de l'amour propre ; les instructions que nous recevons dans la premiere enfance ; les gouvernemens, les lois, les religions, les situations, toutes les causes qui alterent ou rectifient dans les nations les effets du climat, changent plus encore dans les individus les effets du tempérament.

Celui qui, dès son enfance, a vu tout succéder à ses desirs, qu'il soit faible ou robuste, sanguin, phlegmatique ou bilieux, sera nécessairement impérieux et volontaire. Celui qui n'a éprouvé que des contradictions, sera devenu méchant. Mais, sans nous étendre davantage sur les causes du caractere, cherchons à nous en former une idée juste et précise.

Le caractere est la maniere d'être habituelle de l'homme considéré comme sensible. Lorsque nous disons de quelqu'un qu'il est d'un tel caractere, nous entendons qu'il est sujet à une passion plutôt qu'à une autre : par exemple, qu'il est haineux, vindicatif, généreux, etc., et que c'est là son caractere.

Lorsque nous disons d'un homme qu'il n'a point de caractere, nous voulons dire que sa maniere d'être n'est point distinguée de celles des autres : tels sont ordinairement les hommes dont l'ame a été, pour ainsi dire, formée par la société, créée par les circonstances, et surtout, dans laquelle domine supérieurement le penchant à l'imitation : leurs sentimens, leurs opinions, leurs actions, ne sont que des copies. Ils sont ce qu'ils ont vu : l'exemple les a faits, l'exemple les conduit.

On entend aussi, par un homme sans caractere, une ame faible, légere, incapable de suivre des principes avec persévérance, incapable d'une attention durable, d'une volonté permanente.

Lorsque nous disons d'un homme qu'il a du caractere, nous entendons non seulement qu'il a sa maniere particuliere de sentir, de penser, d'agir, mais aussi qu'il montre une résolution courageuse et habituelle de ne point changer sa forme déterminée. Ce sont d'ordinaire des hommes dont la tête est vigoureuse, dont les penchans et les passions sont énergiques : le commun des hommes tient plus ou moins de ces especes dont je viens de parler. Ils ne sont ni faibles ni forts, et leur caractere imparfaitement déterminé se distingue à peine par leur conduite et par le genre de leurs passions.

Il en est des peuples comme des individus :

quelques-uns ont beaucoup de caractere, quelques
autres en ont peu. Il faut regarder les habitudes,
ou l'habitude en général, comme une des causes
qui influent le plus sur le caractere des hommes
et des nations.

SECTION XXII.

De l'Habitude.

Les premieres liaisons d'idées, formées par les
besoins, par la situation, sont dans l'homme
les principes de son intelligence, de ses connaissances, de ses erreurs, de ses mœurs. Les
moyens divers de pourvoir à sa conservation,
le nombre et la variété de ses besoins, l'espérance ou la nécessité d'augmenter ses forces,
l'obligent à sentir, juger, agir d'une certaine
maniere, et ensuite à répéter les mêmes jugemens, les mêmes sentimens, les mêmes actions :
ce sont ces actions, ces sentimens, ces jugemens répétés, qui forment ce qu'on entend par
l'habitude ; et c'est elle qui donne ou augmente,
affaiblit ou détruit nos qualités, nos vices, nos
vertus.

Si le genre des subsistances ou les moyens
de pourvoir à sa sécurité exigent de l'agilité et

de la finesse, il devient agile et fin. La force des muscles et l'audace lui sont-elles nécessaires ; il devient intrépide et vigoureux.

Ce sont des actions du même genre que les mêmes situations forcent à répéter, qui rendent le sauvage bon chasseur, léger à la course ; le cultivateur, robuste ; l'Otahitien, voluptueux.

C'est donc à l'habitude que les hommes doivent ces talens, soit de l'esprit, soit du corps, dont ils rendent grace à la nature. C'est l'habitude qui donne au danseur ou au joueur d'instrumens, la finesse de l'oreille et l'agilité des jambes ou des doigts. Partout la nécessité de cultiver la qualité qui lui est la plus utile, augmente dans l'homme cette qualité.

Les organes du sentiment deviennent plus susceptibles d'une passion que d'une autre, parce qu'ils ont déjà éprouvé cette passion. Si vous négligez de combattre la peur, vous deviendrez pusillanime. La haine se nourrit comme l'amour, en s'occupant de son objet : on devient haineux comme on devient tendre.

L'habitude attache les peuples aux usages les plus insensés, aux lois les plus absurdes. Quand les peuples commencent à s'éclairer, ils sont long-tems à se servir du raisonnement pour appuyer l'absurdité. Il faut peu-à-peu et par degrés, changer ces habitudes, qui nous attachent à tel systême, à telle idée morale, politique ou religieuse. Les opinions et les mœurs générales ne sont que des assemblages d'habitudes.

Il y a des goûts que l'habitude détruit, comme il y en a qu'elle fortifie : il y en a d'autres qu'elle laisse comme ils sont. Ces derniers sont ceux qui tiennent aux besoins de premiere nécessité : les plaisirs qu'ils donnent sont toujours les mêmes. L'eau pure et les mets les plus communs ont le même prix, en tout tems, pour quiconque sait attendre la soif et la faim.

L'habitude affaiblit ceux de nos plaisirs qui ne sont fondés que sur le besoin de ranimer en nous le sentiment de notre existence. Il faut sans cesse des odeurs nouvelles, un autre assortiment de couleurs, des chants et des mets nouveaux, à l'homme désœuvré qui cherche à s'amuser.

Mais il est des amusemens dont l'habitude augmente le prix, et qu'elle rend même nécessaires. Il y en a deux especes : le jeu qui, par une crainte ou une espérance vive, nous donne de fortes émotions, et les amusemens qui nous font exercer quelque qualité, soit du corps, soit de l'esprit, que nous sommes flattés de posséder. L'amour de la chasse, des arts, quand nous sommes plus qu'amateurs, des jeux qui demandent des combinaisons, de la vigueur ou de l'adresse, peut devenir une passion forte et durable.

Par les mêmes raisons, l'habitude peut augmenter l'amour d'un travail difficile, qui nous donne une idée avantageuse de nous-mêmes : c'est elle, autant que d'autres causes, qui attache le poëte à son art, l'homme d'état aux affaires, le guerrier à la fatigue et aux dangers.

Elle émousse le tranchant de la douleur. Les jeunes Iroquois, qui se pressent l'un contre l'autre, en plaçant entre eux des charbons allumés, qui se font des piqûres cruelles, et quelquefois de grandes blessures, acquierent en se jouant le pouvoir de souffrir sans murmurer, et même avec une sorte de joie, les plus horribles tourmens.

C'est l'habitude qui forme l'instinct de l'homme, et c'est ce que veut dire ce beau vers de M. de Voltaire :

La nature, crois-moi, n'est rien que l'habitude.

SECTION XXIII.

De l'Instinct de l'Homme.

Il y a sans doute en nous des mouvemens qui, dans l'enfance, préviennent toute expérience et toute réflexion : l'enfant saisit avidement le sein de sa mere et en presse le bouton de maniere à en faire sortir le lait, sans qu'on lui ait appris l'art de téter : l'œil se ferme à l'éclat d'une lumiere trop vive, ou à l'approche d'un corps étranger ; les cris de la douleur que jette l'homme qui m'intéresse le moins, me déchirent ; mais il y a bien peu de ces sentimens et de ces mouvemens.

Plusieurs des émotions dont nous ne connaissons pas les causes, certaines sympathies, certaines aversions, sont vraisemblablement les effets de certaines liaisons d'idées formées dès l'enfance ; mais quant à la maniere dont nous regardons, dont nous reprenons notre équilibre, dont nous allongeons ou nous raccourcissons les leviers, selon que les corps sont plus ou moins pesans, ce n'est point en nous une inspiration de la nature, un présent des dieux, mais l'effet de l'expérience.

Nous avons appris à marcher, et c'est après être tombés souvent, que nous savons nous relever et éviter une chûte; de même, c'est après plusieurs essais autour des corps pesans, que nous avons appris à choisir le levier le plus propre à les soulever.

Nous faisons dans la suite toutes ces choses sans réflexion, presque sans y penser; mais c'est parce que nous les avons faites souvent, que nous agissons comme si nous n'étions déterminés que par notre organisation, et sans que notre raison dirige nos mouvemens.

Il est d'autres occasions où nous prenons encore les effets de l'habitude pour ceux de la nature. Il nous arrive, dans des momens difficiles, de prendre notre parti sur le champ, et quelquefois d'une maniere opposée à ce que la passion du moment devrait nous inspirer. Ce sont des saillies de raison, c'est une lumiere inattendue qui nous éclaire subitement; mais cette lumiere, ces saillies ne sont que pour les hommes qui ont long-tems observé, comparé, jugé, qui se sont instruits par l'habitude de la réflexion, et qui ont pour la raison, le devoir, la réputation, le bonheur de toute leur vie, etc., une passion qui balance en eux la passion dont ils sont dominés.

C'était là le démon de Socrate, l'instinct de Caton d'Utique, et c'est celui des hommes vertueux.

Il y a encore une autre cause de ces actions opposées à celles qu'on attendrait de nous dans certains momens, de ces actions qui paraissent être les effets de quelque inspiration.

Certaines vérités sont dans notre cerveau comme à notre insçu, parce que nous ne les avons pas assez revêtues de mots; elles semblent nous avoir échappé, mais nous les retrouvons dans les occasions à-peu-près semblables à celles qui les ont fait naître : alors elles déterminent notre volonté, et balancent quelquefois le pouvoir d'une passion ou celui de l'opinion.

S E C T I O N X X I V.

De l'Opinion.

Il y a dans toutes les sociétés sauvages, barbares ou policées, des relations de faits, des traditions erronées, des maximes, les unes vraies, les autres fausses, établies par ce besoin de croire, qui détermine si souvent nos esprits. Il y a partout certains principes de morale, de politique, de conduite particuliere, reçus généralement sans examen. C'est l'assemblage de ces principes, de ces maximes, c'est surtout une suite de jugemens, communs au plus grand nombre, que j'appelle l'opinion.

Elle varie, selon la nature du climat et du sol, le genre et l'abondance des subsistances, l'espece de nos besoins; elle varie, selon le plus ou moins de force, de moyens de défense, de sécurité; selon la situation des hordes, des cités, des empires; enfin, selon la différence des intérêts bien ou mal entendus.

Dans les îles de la mer du Sud, où la nature prodigue ses trésors, sans exiger un travail pénible; où le ciel est pur, la mer féconde; où les deux sexes ont la beauté, l'opinion favorise et consacre même les plaisirs de l'amour. Dans le stérile territoire de l'Attique, où il était difficile d'élever un grand nombre d'enfans, l'opinion et la loi donnaient aux peres le droit de les exposer. Chez un peuple chasseur, qui habite un pays peu abondant en gibier, et où ceux qui ont conservé leur adresse et leur vigueur, peuvent seuls pourvoir à leur subsistance, il est reçu que c'est une bonne action de tuer un vieillard. C'est l'opinion qui décide partout le genre et les formes du luxe de faste et du luxe de fantaisie; et chez toutes les

nations, elle crée des biens et des maux imaginaires.

Il y a des opinions qui se sont établies par
la force ou l'adresse de quelques individus. Il
s'est trouvé partout des hommes qui vouloient
usurper de l'autorité sur les esprits. Les uns, à
l'aide de la superstition ou de la force de l'imagination, ont persuadé des erreurs qui étaient
favorables à leurs desseins : certains paresseux
adroits ont fait croire que la vie contemplative
était l'état de perfection ; d'autres ont fait des
conquêtes, et ils ont dit : Nous sommes les
maîtres des biens et de la vie des hommes. Ils
l'étaient de fait, ils ont prétendu l'être de droit.
Leurs argi-raspides, leurs prétoriens, leurs janis-
saires, les sous-tyrans qu'ils devaient faire jouir
des abus de leur puissance, ont paru croire et
ont fait croire que le pouvoir exorbitant de leurs
chefs était fondé sur des droits véritables : des
lois établies par la force, et consacrées ensuite
par le long usage, ont cimenté cette opinion.
Les peuples ont commencé par respecter, et
ont fini quelquefois par aimer le pouvoir qui les
opprimait.

Il n'y a, dit M. Hume, aucun gouvernement
dont l'opinion ne soit la force principale : la
monarchie, la république ne se soutiennent
que

que par elle. Il faut, dans la monarchie, que les nobles et le peuple ne doutent pas que l'autorité du monarque est nécessaire à leur tranquillité et à leur bonheur. Dans la république, les magistrats et la nation doivent être convaincus qu'ils ont la constitution la plus favorable à l'espece humaine : tous doivent penser qu'ils vivent sous de bonnes lois.

Presque tous les gouvernemens fortifient l'opinion vraie ou fausse, qui leur est utile, par des opinions religieuses; mais, religieuse ou utile, partout c'est l'opinion qui dirige le plus souvent la conduite du petit nombre qui commande, et plus encore celle du grand nombre qui obéit.

Dans les grandes sociétés, où les hommes ont des rangs, des états différens, chacun de ces rangs, de ces états, a des opinions qui lui sont propres; il y en a souvent qui sont utiles à la patrie, et qui forment l'espece de préjugés qu'il faut respecter.

Quand les opinions ont de la durée, les hommes en changent difficilement : elles se trouvent liées à leur maniere d'être, à laquelle ils tiennent par l'habitude; elles ont modifié les caracteres, et les caracteres ont modifié les opinions. Des préjugés barbares rendent les hommes inhumains; et rendus inhumains, ils

ne renoncent pas volontiers à des préjugés barbares. De plus, ce reste d'amour pour la liberté, qu'on trouve même parmi les esclaves,
les rend indociles à la voix de ceux qui viennent
les éclairer. Ils rejettent une vérité nouvelle,
comme un nouvel attentat à leur liberté : ils
craignent de soumettre leur pensée, et de perdre
ainsi la seule indépendance qui leur reste.

Si quelque philosophe, qui aime sincerement
et qui cherche constamment la vérité, vient à
la découvrir et veut la répandre, son opinion
n'est reçue qu'autant qu'elle ne combat pas trop
les opinions établies. Il a contre lui les charlatans, intéressés à défendre les anciennes opinions, ou de nouveaux trompeurs qui veulent
propager des opinions exagérées. Il faut du tems
pour que la philosophie obtienne quelque confiance ; mais ce tems est moins long qu'il ne
l'était autrefois.

L'opinion n'est plus circonscrite aujourd'hui
par les limites des empires : l'imprimerie la fait
circuler promptement chez un grand peuple,
et passer chez les peuples étrangers. Depuis
que de nouvelles richesses, des arts plus culti-
vés, un luxe jusqu'alors inconnu, ont mis de
nouveaux rapports entre les hommes, ils ont
un plus grand besoin de se communiquer leurs

idées, ils en ont plus les moyens. L'établissement des postes, celui des feuilles publiques,
la perfection des chemins, les progrès de la
navigation, donnent plus d'étendue à l'opinion;
et plus elle devient générale, plus, si elle est
vraie, elle acquiert de puissance.

Tous ces moyens, qu'ont aujourd'hui les
hommes, de savoir les pensées de leur espece
entiere, la nécessité où ils sont de s'en occuper
souvent, amenent peu-à-peu l'esprit de discussion : ils ne peuvent lire de nouveaux ouvrages,
parler de leurs intérêts, vivre beaucoup ensemble, sans examiner leurs idées sur tous les
objets qui les intéressent. Il doit en résulter
que celles qui sont fausses doivent être plutôt
reconnues pour ce qu'elles sont; et que celles
qui pouvaient être d'une utilité momentanée,
mais qui sont devenues pernicieuses, doivent,
de jour en jour, perdre de leur crédit.

Les opinions locales ne seront respectées que
dans les lieux où elles seront véritablement
utiles. L'esprit a ses épidémies comme le corps :
ces opinions folles, qui deviennent tout d'un
coup celles de toute une nation, n'auront pas
de longues durées.

Il s'établira, dans toutes les contrées, de
ces vérités générales sur lesquelles est fondé

le bonheur des hommes. Une politique moins inhumaine s'est déjà introduite dans tous les conseils; la guerre se fait avec moins de férocité que dans les siecles derniers. Les princes absolus commencent à rendre compte à leurs sujets de l'emploi des impôts; des pratiques inutiles à la société ne passent plus pour des vertus. Les hommes, de jour en jour, ont moins la sottise d'honorer dans les individus dés projets, des qualités, des exploits, qui font le malheur de leur espece. Les abus du systême féodal sont tombés en désuétude. L'opinion dépend moins de la force que de la raison : elle est plus l'ouvrage des académies que des armées.

On n'ose plus traiter avec mépris les états véritablement utiles, et le laboureur se dérobe à la fois au dédain et à l'oppression. Le riche qui commence à rougir des richesses mal acquises, se croit obligé d'être bienfaisant, quand même il n'a pas été juste. Le sentiment de la justice est moins rare qu'il ne l'était autrefois. Enfin, les opinions vraies, les seules utiles, s'introduisent de plus en plus dans les assemblées des peuples et dans les conseils des rois. Les hommes de tous les pays acquierent, de jour en jour, quelques degrés de similitude; et sur les objets qui ont plus de rapport à leur bonheur, ils finiront par se soumettre généralement à des principes dictés, plus ou moins, par la raison universelle. C'est cette espérance, si souvent trompée, qui fait encore écrire sur la philosophie.

SECTION XXV.

De la Conscience.

Les sens, les penchans, les climats, les caracteres, l'opinion, tous ces mobiles de l'homme, le déterminent au mal comme au bien : tous le forcent à chercher le plaisir, à éviter la douleur ; mais il cherche souvent un plaisir qui peut lui être funeste, il évite une douleur qui lui serait salutaire. Il aurait besoin de guides : la nature lui en donne-t-elle un dans la conscience ? Qu'est-ce que la conscience ?

C'est le sentiment triste ou agréable que nous éprouvons, d'après le jugement que nous portons de nos actions. Tantôt la conscience est pour nous ce bonheur de l'Olympe auquel les dieux avaient associé Hercule, et tantôt ce vautour qui rongeait le cœur de Promethée : elle est la plus aimable des compagnes, ou la plus terrible des furies.

Puisqu'elle est l'effet du jugement que nous portons de nos actions, et que l'opinion dicte souvent nos jugemens, il s'ensuit que les actions que nous nous reprochons le plus, sont celles que l'opinion condamne, et que nous nous reprochons rarement celles qu'elle ne condamne pas. On ne peut pas nier qu'en effet l'opinion ne change quelquefois en crimes des fautes légeres, n'ôte et n'exagere les remords : telle jeune fille, pour avoir laissé prendre un baiser au jeune homme dont elle est aimée, a vu les Euménides, armées de serpens et de fouets vengeurs ; l'habitant d'une côte d'Afrique se juge indigne de vivre, parce qu'il s'est oublié au point de vêtir ses enfants, que les lois du prince condamnent à être nuds ; un grand inquisiteur, un magistrat, devenus cruels pour défendre les droits prétendus de la divinité, se savent gré des meurtres qu'ils commandent.

Cependant, il est très-vrai qu'indépendamment de l'opinion, la conscience nous reproche celles de nos actions qui pourraient avoir pour nous des suites fâcheuses. Elle n'est guere, dans l'enfance, que la crainte du fouet ou l'espérance des dragées ; et dans tous les âges, elle n'est guere que la prévoyance des chagrins qui suivront nos fautes, ou l'espérance du prix attaché à nos vertus. L'homme qui pense que ses imperfections seront impunies, s'en permet beaucoup. Un despote, entouré de flatteurs, qui le préservent du sentiment de la honte et le rassurent sur les dispositions de son peuple, enleve, sans honte et sans remords, les femmes et les propriétés de ses sujets. Un jeune homme, entouré de parens coupables à qui tout réussit, a de la peine à se faire une conscience.

Les hommes des peuplades les moins policées montrent, dit-on, quelques notions de la justice, et ont des remords quand ils ont offensé quelqu'un de leurs concitoyens. Les enfans, dès l'âge le plus tendre, sont de même parmi nous : ce n'est pas en eux l'effet d'une lumiere extraordinaire accordée à tous les hommes, d'un sentiment inné, d'un instinct, d'un sens moral ; c'est l'effet de la crainte ou de la pitié.

Le sauvage et l'enfant se reprochent une offense dont on pourrait se venger, et craignent l'opinion que leur offense peut donner d'eux à leurs égaux ou à leurs supérieurs.

La conscience ne peut être un bon guide, un censeur utile, que chez les hommes qui ont des opinions vraies et d'accord avec leurs lois, dans l'homme qui a des principes vrais, des maximes raisonnables, et l'habitude d'y obéir. Une faute, une faiblesse interrompent pour ainsi dire son caractere : elles le font rougir, elles le tourmentent, elles lui donnent le sentiment de sa faiblesse. Une bonne action, au contraire, réveille en lui le sentiment de sa force, de ses perfections, et lui rend délicieux les retours sur lui-même. C'est par une connaissance exacte de nos vrais devoirs, et des avantages qu'on trouve à les suivre ; c'est après avoir joui souvent du plaisir de s'estimer et d'un juste contentement de soi-même, c'est en se nourrissant de l'amour de la vertu, c'est en prenant l'habitude de sacrifier l'intérêt personnel mal entendu à la justice, que nous nous faisons une conscience, qui nous interdit ou nous reproche les actions que la sagesse et l'intérêt de leur espece devrait interdire à tous les hommes.

SECTION XXVI.

Du Bonheur.

C'est un état dans lequel les réflexions sur notre sort et sur nous-mêmes, sont accompagnées d'une douce joie, du sentiment agréable de la vie.

Dans les premiers âges de l'homme, il ne s'occupe guere de cet état : il ne le cherche point, il en jouit; mais il ne pense pas à le faire durer, il est borné au plaisir présent : il ne veut éviter que la douleur présente. Le sauvage, toujours enfant, se conduit de même; et le bonheur, l'état d'un contentement durable, ne devient véritablement l'objet principal des desirs, un mobile puissant, une cause d'action, que dans l'homme sur lequel la raison a quelque empire.

L'homme peut quelquefois éprouver le sentiment agréable de la vie, au milieu des maux qui viennent interrompre ses jouissances, parce qu'elles peuvent être assez vives pour balancer la douleur; et si nous sommes contens de nous-mêmes, si nos qualités et notre conduite n'ont rien qui nous humilie, rien qui nous éloigne du bonheur, rien qui nous prépare un avenir fâcheux, nous pouvons, malgré quelques douleurs, sentir le contentement, le plaisir d'être. Quelquefois, dans une situation qui paraît heureuse, nous n'avons ni ce plaisir ni ce contentement, parce que nous ne pourrions, sans tristesse, porter nos réflexions sur l'ensemble de notre vie; alors on se livre, autant qu'on le peut, aux impressions des objets extérieurs : on jouit, mais on ne jouit que parce qu'on s'oublie.

Cependant je ne crois pas cet état, dans lequel on peut goûter le sentiment agréable de la vie, aussi difficile à trouver qu'on le pense. Quelques moralistes nous disent que dans la condition humaine, il doit y avoir plus de peines et de privations que de plaisirs et de jouissances. La plupart des hommes ne les dément pas ; mais pour savoir s'ils ont raison, il faut faire quelques retours sur ce que nous avons dit de l'homme, de ses sensations, de ses penchants, de ses passions, de ses différentes sortes d'amours et d'aversions ; il faut jeter un coup-d'œil rapide sur les différens états, et sur quelques-unes des situations où il peut se trouver.

Les sens lui font éprouver des besoins qu'il faut satisfaire ou souffrir : tels sont surtout le sens du goût, celui du toucher, et le sixieme sens. Mais il n'y a point d'état dans les sociétés bien policées, où l'homme ne puisse pourvoir aux besoins de chacun de ces sens. Je conviens qu'il faut à l'homme sans fortune un plus grand nombre de soins et de travaux; mais quand les soins et les travaux sont modérés, non-seulement ils ne sont pas des maux, mais ils sont accompagnés de plusieurs plaisirs : ils préservent de l'ennui, et ils font jouir des biens qu'ils préparent. Le laboureur n'est guere moins heureux quand il seme que quand il moissonne, et il n'y a guere d'état que l'espérance ne puisse embellir.

On a trop dit que nous aspirions sans cesse au repos, et que nous l'aimions pour lui-même : cela n'est pas vrai, du moins dans nos climats. Ici nous cherchons le repos pour réparer nos forces épuisées, et pour nous mettre en état d'agir encore : agir, c'est sentir et vivre, et cela seul est un bien.

Les autres sens ont des besoins moins énergiques; mais ils ont pourtant leurs jouissances qui sont même assez vives. J'avoue que le parfum des campagnes, l'éclat des fleurs, le chant des oiseaux, ne transportent pas ceux qui sont fortement occupés du soin de s'assurer les moyens de vivre; mais ils ne souffrent pas de la privation des jouissances que peuvent donner les sens de la vue, de l'odorat et de l'ouïe : cependant ces sens les amusent quelquefois.

Quant aux passions, celles même qui naissent du sentiment d'aversion ne sont pas absolument sans plaisir. On jouit un moment du succès de ses vengeances, ou de la faiblesse de ceux qui nous haïssent, et de l'humiliation de ceux qu'on envie. Il est vrai que ces jouissances ne sont jamais pures : ces passions, tristes par elles-mêmes, sont presque toujours accompagnées du sentiment de notre faiblesse présente ou future. Tant qu'on leur est livré, il est bien rare qu'on éprouve ce doux contentement de soi, sans lequel on n'a point le sentiment agréable de la vie. Lors même que ces passions ont obtenu tout ce qu'elles pouvaient desirer, l'ame n'est point soulagée : le plaisir qu'elle s'est procuré est corrompu par la pitié, par la défiance, par la crainte ou des hommes ou des lois, enfin par les remords.

Si peu d'hommes sont exempts de ces funestes passions, il y en a beaucoup qui ne s'y livrent pas : il y a plus de caracteres tendres que de caracteres haineux. Les hommes les moins éclairés peuvent sentir que ces passions détruisent ou interrompent le bonheur, et savoir les réprimer.

Dans les sociétés bien ordonnées, l'amour a plus d'objets que la haine : on aime collectivement, et plus rarement on hait de cette maniere ; on aime sa patrie, on éprouve même la bienveillance universelle. Eh ! qui est-ce qui hait son pays ou le genre humain ! Vous me direz qu'on peut haïr les ennemis de son pays, cela est vrai ; mais on se sait gré, on s'honore de cette espece de haine, tandis qu'on se reproche une haine particuliere, et qu'on en est humilié.

Toutes les passions qui naissent du sentiment d'amour, ou qui l'accompagnent, sont, comme je l'ai dit, agréables par elles-mêmes. L'espérance, un contentement calme et animé n'en sont presque jamais séparés. L'amour pour son pere, pour sa femme, pour ses enfans, pour sa patrie, etc., sont des sentimens délicieux. Je sais qu'ils ont quelquefois pour cortége les inquiétudes, les regrets, la compassion, la jalousie ; mais ils ne les ont pas nécessairement, ils les ont rarement dans les ames bien réglées ; et le plus grand nombre des hommes doit à ses attachemens beaucoup plus de plaisirs que de douleurs. Si quelqu'une de ces passions nous emporte trop loin, c'est sans nous faire rougir. En se reprochant le choix ou l'excès de son amour, on se sait encore gré d'aimer et d'avoir aimé.

Les passions auxquelles nous ne nous livrons que pour ajouter à nos forces personnelles une force de situation, telles que l'amour de la gloire, du pouvoir ou des richesses, peuvent assez souvent faire le bonheur, et quelquefois le malheur des hommes. Mais il est sûr que la conscience de nos forces personnelles ou de situation, contribue à entretenir en nous le sentiment agréable de la vie; et par conséquent les soins, les travaux, les actions, qui peuvent nous donner cette conscience, doivent être mis au rang de nos plaisirs. La seule espérance d'augmenter encore les unes ou les autres de ces forces, peut changer en jouissances vives la fatigue ou les dangers. C'est, dit Fergusson, dans les circonstances qui demandent le plus d'esprit et de courage; c'est dans les tentatives les plus audacieuses; c'est au milieu du tumulte, des privations, des dangers de la guerre; c'est dans l'occupation pénible et sédentaire qu'exigent les affaires et les sciences, que l'homme jouit de celles de ses qualités qu'il estime le plus. Auprès des plaisirs qu'il goûte alors, les plaisirs des sens sont bien peu de chose. Le peintre Nicias, absorbé par son travail, demandait à ses esclaves s'il avait dîné. Les délices du luxe et de la bonne chere n'ont jamais donné des plaisirs aussi vifs au voluptueux Lucullus, que la défaite de Mithridate ou de Tigrane.

Mais la plupart des plaisirs de cette espece sont à la portée d'un trop petit nombre, pour qu'on les puisse considérer comme servant beaucoup au bonheur général. Heureusement, il ne faut être ni dans de grandes places, ni faire de grandes choses, pour goûter le plaisir de sentir ses forces personnelles, et celui d'augmenter sa force de situation : il suffit au cultivateur, au maçon, au serrurier, etc., de pouvoir se dire qu'ils savent bien leur métier, que leurs bras vigoureux pourront s'exercer long-tems et leur procurer leur subsistance, celle d'une famille, et même les commodités de la vie. L'homme d'affaires est content de lui, s'il se trouve l'esprit de discussion, quelque sagacité, et le don de l'attention. Enfin, les hommes sont heureux par le sentiment de leurs forces, lorsqu'ils se reconnaissent les qualités et les moyens utiles aux projets qui conviennent à leur âge et à leur situation, lorsqu'ils peuvent compter sur un usage libre de leurs facultés, et qu'ils ont l'espérance d'ajouter quelques agrémens à un état qu'ils voudraient plutôt rendre meilleur que le changer.

Ils n'ont pas, sans doute, les plaisirs vifs, les transports de joie, l'ivresse heureuse d'un vainqueur, d'un législateur, d'un écrivain sublime; mais ils ont moins à craindre les contrariétés du vice, les attaques de l'envie et les revers. Il suffit que, pour augmenter leurs forces de situation, soit par les richesses, soit par leur pouvoir, ils ne se permettent rien qui puisse indisposer contre eux les hommes estimables et leur conscience : ils peuvent alors jouir du contentement doux de leur situation et d'eux-mêmes.

Il est certain que dans les états les plus élevés, avec de l'opulence et des fonctions importantes, on a une plus grande somme de plaisirs; mais il ne l'est pas moins que, dans les états inférieurs, dans ceux même où l'on ne doit sa subsistance qu'à son travail, on a peut-être une suite moins interrompue de bien-être.

D'ordinaire on y jouit mieux de la santé, qui ne fait pas le bonheur, mais sans laquelle il est difficile d'être heureux. Les maux physiques entrent nécessairement dans la composition d'une machine sensible, qui ne peut éprouver de grands changemens

changemens sans souffrir, et qui doit éprouver ces changemens, cela est vrai. Mais la plupart des maux physiques ne sont pas de longue durée : le commun des hommes n'a guere que des douleurs momentanées qui sont adoucies par l'espérance de la guérison, et peuvent l'être par les plaisirs de l'ame.

Nous pardonnons à la nature une partie des maux qu'elle nous fait ; ses rigueurs ne nous désolent pas comme les peines morales : elle nous blesse sans nous offenser. L'oppression d'une puissance injuste, l'ingratitude d'un ami, troublent plus la vie que quelques accès de fievre ou de colique. On est moins affligé d'essuyer une grêle sur ses champs, que d'être renvoyé d'une belle place. Les disgraces qui nous viennent de la part des hommes, nous accablent plus que les événemens fâcheux, mais nécessaires, qui composent la chaîne des destinées.

J'ajouterai que la plupart d'entre nous sont assez les maîtres d'avoir une bonne santé : elle est le partage des hommes sobres, livrés à des travaux faciles, volontaires, et dont la récompense est assurée. Si le travail ne préserve pas toujours de la douleur physique, il y rend moins sensible. Les maux qui font pousser des cris aigus au citadin désœuvré, sont à peine sentis par le laborieux cultivateur; la fatigue, le froid, le chaud, la faim même, sont aisément supportés par le matelot, le chasseur ou le sauvage.

Les soins et les occupations de l'esprit rendent les peines morales plus légeres, comme l'habitude des travaux du corps rend les maux physiques plus légers. Les petites contrariétés, les petites privations, ne sont pas apperçues par l'homme occupé; il trouve même de la force contre les véritables chagrins.

Je dirai encore sur la douleur physique, que le moment où elle cesse, est un moment de plaisir; et que celui où le plaisir physique cesse, est souvent un moment de repos. Souvenez-vous de ce que j'ai dit de la douleur, en parlant de l'habitude, et vous verrez que souvent elle ne détruit pas le sentiment agréable de la vie. Que dis-je? il y a même telle douleur qui l'augmente : par exemple, une blessure honorable, des infirmités qui sont la suite de travaux utiles à ses amis, à sa patrie. La mauvaise santé ne rend malheureux que l'homme médiocrement content de sa conduite, et obligé, par sa situation, à des travaux auxquels il ne peut se livrer; elle laisse les plaisirs les plus délicieux de l'ame, ceux de l'amour propre, les amusemens, à des hommes que leur fortune a dispensés d'un travail pénible, et qui, par leurs qualités morales, ont mérité d'être aimés.

On ne peut se dispenser, en parlant du bonheur, de faire mention de deux facultés de l'ame qui répandent beaucoup de peines et de plaisirs sur tout le cours de la vie : ces deux facultés sont la mémoire et l'imagination.

La mémoire, en nous rappelant nos plaisirs passés, nous en fait jouir encore, et c'est souvent avec plus de volupté que de regrets qu'elle nous ramene aux beaux jours de notre jeunesse. Quand elle nous retrace de bonnes actions, une conduite estimable, elle nous rend, en effet, très-heureux. Lorsqu'elle nous retrace nos maux passés, elle n'en renouvelle pas toujours en nous le sentiment, à moins que ces maux ne nous fassent sentir encore des privations, ou des fautes dont nous pouvons craindre les suites ; mais cela n'arrive qu'aux ames qui ne trouvent pas en elles de véritables ressources. Il n'y a guere de chagrins que ne puisse dissiper l'acquisition d'une nouvelle vertu. D'ordinaire, le souvenir de nos peines passées ne fait qu'ajouter au sentiment de nos plaisirs actuels.

L'imagination nous console souvent du présent

par l'avenir ; elle nous fait jouir de ses chimeres même. Nous voyons de près la peine ; mais, en même tems, nous voyons dans le lointain les plaisirs. L'imagination nous les promet, et nous jouissons de ses promesses : elle augmente les maux de quelques caracteres mélancoliques ou pusillanimes, et ceux de quelques hommes aigris par une suite de mauvais succès.

Dans les têtes bien faites, elle ne donne pas trop de prix aux maux imaginaires ; elle ne fait pas trouver les maux plus cuisans, parce qu'ils sont singuliers. Elle ne s'exagere ni le prix de la vie, ni l'amertume de la douleur ; et dans les malheurs les plus sensibles, les hommes sages apprennent à séparer leurs pensées de leurs chagrins.

Dans quelque état qu'on soit né, c'est un malheur de ne point savoir proportionner ses forces et ses desirs. Celui qui demande beaucoup de gloire avec peu de talens ; celui qui aspire à des places trop difficiles à obtenir ; celui qui occupe une place qui ne convient ni à son esprit ni à son caractere ; le pauvre qui demande, non un nécessaire honnête, mais de grandes richesses ; ceux enfin qui, n'ayant pas autant de desirs que la fortune leur a donné de moyens de jouir, sont en proie à l'ennui :

tous ces gens-là, dis-je, passent une partie de leurs jours à desirer plus qu'à sentir le bonheur.

Quel que soit l'esprit, le caractere, l'état des hommes, il est sûr que les sentimens qu'ils inspirent influent beaucoup sur leur bonheur. Il n'y a point d'homme qui puisse avoir une certaine égalité de bien-être, s'il ne se conforme aux lois de son pays, s'il n'en respecte, jusqu'à un certain point, les opinions et les usages, s'il ne plaît à ceux avec lesquels il doit vivre, s'il ne peut se flatter d'en mériter l'intérêt et l'appui : c'est à ce prix qu'il conserve sa sérénité et la douce joie.

Mais il y a des sociétés soumises à des lois abusives et à des opinions absurdes, contre lesquelles la vertu doit s'élever. Alors l'homme raisonnable et vertueux se trouve environné d'hommes dont il blesse l'amour propre et les intérêts; mais il jouit encore du sentiment de sa supériorité et du témoignage de sa conscience. Caton avait plus d'ennemis, dans Rome, que Clodius; cependant il ne régnait pas dans l'ame de Clodius le calme qui régnait dans l'ame de Caton : celui-ci, dans Utique même, et au moment de se donner la mort, n'aurait pas voulu être à la place de César.

K 3

On ne peut se dissimuler qu'il y a quelques hommes riches, puissans, élevés aux premieres places, qui ont des principes assez pervers pour conserver, en se livrant aux vices, le sentiment de leur force personnelle, celui de leur force de situation, et même quelque estime pour eux. Mais ces exemples sont rares : il est presque impossible que les illusions de ces scélérats soient de quelque durée, et la plus légere disgrace suffit pour les accabler.

Je n'en dirai pas davantage à présent sur le bonheur, et sur les moyens de l'acquérir ou de le conserver. Je serai obligé d'en parler souvent dans le cours de ce long ouvrage ; mais on peut conclure de ce que j'en ai dit, que l'homme sage qui a le nécessaire et la santé, est presque toujours un homme heureux. Il y a des pays où ces hommes sont en grand nombre ; il y en a d'autres où ils sont rares, et ce n'est pas toujours la faute de la nature. Mais, dans tous les pays, pour obtenir, conserver, augmenter son bonheur, pour entretenir en soi le contentement durable, le sentiment agréable de la vie, il faut cultiver beaucoup sa raison.

SECTION XXVII.

De la Raison.

Dans le sens philosophique, la raison est cette faculté de l'homme par laquelle il apperçoit la convenance ou la disconvenance des idées, par laquelle il analyse, et passe des vérités connues aux vérités inconnues; mais dans le sens le plus général, la raison est la connaissance de la maniere dont nous devons diriger les opérations de notre ame, considérée comme pensante et comme sensible : c'est l'art de faire usage de nos facultés corporelles et intellectuelles, pour parvenir à tout le bonheur auquel la nature et notre situation nous permettent de prétendre.

Les hommes renfermés dans le sein d'une famille agreste, livrés à des occupations qui ne leur donnent ni rivaux ni ennemis ; conduits par des lois qu'ils ne prétendent ni changer ni même juger ; contens de leurs possessions médiocres, ou des récompenses de leurs travaux, le cultivateur, l'artisan, n'ont qu'une raison bornée. Mais elle leur suffit pour vivre sagement et en paix dans leur famille et dans leur village : ils n'ont pas besoin d'avoir dans la tête beaucoup d'idées abstraites, de réflexions fines, de regles particulieres. Ils sont sujets à peu de passions ; leurs passions ne sont point exaltées ; et s'ils ont peu de moyens de s'instruire, ils ont peu d'occasions de s'égarer. Leurs idées sur ce qui concerne leurs vrais intérêts sont assez justes, quand on n'a pas pris la peine de les rendre fausses : leur jugement est comme le sens du toucher, borné et sûr.

Mais dans les villes opulentes, plus ou moins policées, plus ou moins barbares, l'homme voit sans cesse autour de lui se multiplier les objets de ses desirs et de ses aversions, de ses craintes ou de ses espérances. La cupidité, le soin d'échapper à celle des autres, la vanité, l'envie de s'élever, la jalousie, l'amour des plaisirs et des amusemens, l'agitent, l'éclairent ou l'égarent.

Dans les sociétés riches et puissantes, les moyens de se procurer un état agréable, et les obstacles pour y parvenir, se sont multipliés : il faut de l'esprit et de la raison pour savoir distinguer, entre plusieurs autres, l'état qui nous convient, et quels sont en même tems les moyens les plus sûrs et les plus légitimes que nous devons employer pour y parvenir.

Que dis-je ? environné d'hommes heureux ou malheureux par des besoins factices, il faut de l'observation et de la réflexion pour nous apprendre à résister à ces besoins, ou du moins à ne point négliger pour eux les véritables.

Mais les secours pour perfectionner notre raison augmentent dans les sociétés nombreuses; et dans ces sociétés, les hommes de tous les états ont à-peu-près les moyens de s'instruire autant qu'ils doivent l'être. La raison leur apprend à choisir, selon leur caractere, leur portion d'esprit, leurs relations, leur santé, leur âge, les jouissances qui leur conviennent, et les momens de jouir. Elle leur fait prendre l'habitude de calculer, mesurer, comparer les biens et les maux; elle leur fait voir quand ils doivent acheter un grand plaisir par quelques douleurs, ou comment, en renonçant à certains plaisirs, ils éviteront certaines douleurs. Enfin, dans toutes les sociétés, qu'elles soient naissantes, perfectionnées ou corrompues, la raison montre à l'homme que la plupart de ses actions ne peuvent être indifférentes aux hommes avec lesquels il doit vivre.

Ce que la raison peut faire de mieux, c'est de nous apprendre à préférer le tems au moment, souvent l'avenir au présent, et toujours le bonheur au plaisir.

Dans les hommes qui ne cultivent pas assez leur raison, les objets présens les entraînent, et déterminent trop leurs volontés; alors ils sacrifient à la jouissance d'un moment le plaisir d'un jour, ou à des biens imaginaires, cet état auquel nous aspirons tous, et dans lequel on éprouve le sentiment agréable de la vie.

Une des causes qui rendent souvent la raison inutile, c'est de se conduire sans examen, ou par la raison, ou par l'exemple des autres, et de se faire singe, parce qu'on ne sait pas être homme.

Les passions, l'imitation, les erreurs de l'imagination, les premiers mouvemens peuvent emporter l'homme le plus éclairé loin des principes et du caractere que la nature et ses réflexions lui ont donnés.

Aussi la puissance sur soi-même est-elle le chef-d'œuvre de la raison : *Totum in eo est*, dit Cicéron, *ut tibi imperes*.

Celui qui est parvenu à vaincre en lui les passions qu'il faut vaincre, à diriger celles qu'il faut conserver, à se tenir dans cette modération qui ne veut jamais rien de trop; celui-là seul sait vivre, puisqu'il sait préparer, conserver et attendre le bonheur.

Mais que faut-il faire pour parvenir à cet

empire sur soi-même ? Comment s'y prendre pour rendre sa raison maîtresse des passions violentes, folles, etc. ? C'est de perfectionner l'art trop peu connu d'opposer aux passions dont je viens de parler, les passions sages et vertueuses que les réflexions, nos observations, l'expérience des autres et la nôtre doivent nous inspirer.

C'est d'apprendre à rendre notre amour pour la raison une véritable passion : elle sera composée du besoin de l'estime de nos semblables, de l'amour de l'ordre, de la justice, de la patrie, de notre famille, de nos devoirs, du desir d'être contens de nous-mêmes. Il faut substituer aux passions dangereuses la passion de les vaincre. Cette derniere a des jouissances vives et pures. De toutes les forces que notre raison peut employer, celle qui nous flatte le plus, est celle qu'elle emploie avec succès contre nous-mêmes.

Il est difficile, sans doute, de parvenir à cette perfection de raison ; mais il faut toujours y tendre. Je parlerai dans un des ouvrages dont ce livre est composé, des moyens qu'on peut employer pour réussir dans ce projet, trop rarement formé.

Je vais terminer cette analyse de l'homme,

par un tableau de ce qu'il est dans les différens âges de la vie, il en verra mieux les momens de combattre ou de favoriser les passions ennemies ou amies de son bonheur, les plaisirs qu'il doit chercher et goûter, les peines qu'il doit éviter ou supporter.

SECTION XXVIII.

L'Homme dans tous les âges.

L'enfant n'a d'abord qu'un besoin continu de nourriture et de repos : le sommeil et ses repas consument son tems. Il ne tarde pas à sortir de cet état de stupeur, et à montrer une inquiétude machinale : le principe de vie agit dans tous ses muscles, et ses forces naissantes tendent à se développer. Le mouvement fait le bonheur de l'enfant, comme l'action fait celui de l'homme. Bientôt cette inquiétude n'est pas sans objet, et le besoin de s'instruire en devient la cause. L'enfant donne de l'attention aux différentes perceptions qu'il reçoit de ses sens; mais jusqu'à ce que le toucher lui ait appris à se servir de la vue et de l'ouïe, ces deux sens n'excitent en lui qu'une médiocre curiosité.

Dès qu'il peut assembler quelques idées, et

former quelques raisonnemens, il reconnaît qu'il est environné d'êtres plus forts et plus puissans que lui, et il a profondément le sentiment de sa faiblesse. Ce sentiment s'opposerait à son bonheur, s'il n'était pas continuellement l'objet de nos soins et de nos caresses; plus il en est comblé, et plus il accorde sa confiance à tout ce qui l'approche. La vanité, l'orgueil lui sont étrangers, et ne naissent en lui que lorsqu'une déférence extrême pour ses fantaisies lui persuade qu'il est un personnage de quelque importance.

L'enfant aime d'abord, dans ses parens, la force qui le protege, et les auteurs de ses jouissances. Il commence à suppléer à sa force personnelle, par sa force de situation; il n'est rien par lui-même, mais il se trouve quelque chose par l'amour de ses parens. Cependant, gêné par leur autorité, il se tourne vers ses égaux, et il aime les compagnons de ses jeux et de sa faiblesse. A peine a-t-il connu les amusemens, qu'il s'y abandonne, et souvent pour s'assurer du progrès de ses forces et de son intelligence, plus souvent pour jouir de tous ses momens à mesure qu'ils naissent.

Dès l'âge de cinq ou six ans, il a éprouvé assez de passions, il a donné assez d'attention à tout ce qui se passe autour de lui et en lui-même, pour s'être enrichi d'un grand nombre d'idées, de jugemens et de raisonnemens : son imagination, froide encore, crée moins qu'elle n'imite servilement. Il fait des hypothesés ; il se suppose cocher, militaire, artisan, et prend assez bien le ton et les manieres de son nouvel état.

Il est inconstant dans ses attachemens, mais il est fidele au plaisir d'aimer ; la crainte empoisonne souvent ses petites joies, mais il ne l'éprouve guere qu'au moment de la menace et à la présence du danger. Il n'a pas la prévision du mal : c'est un des grands biens de son âge. S'il est aisément effrayé, il reprend aisément de la confiance et de la gaîté ; la gaîté est en lui le sentiment doux d'une heureuse existence : le rire n'est guere en lui que l'expression de la joie d'être et de s'amuser. Cette joie, dit le chancelier de l'Hôpital, est la premiere vertu de l'enfance.

La curiosité augmente ; et des penchans qui gouvernent l'enfant, elle est un des plus énergiques : elle anime ses jeux mêmes ; et si dans ces jeux, ceux qui l'instruisent ne sont pas ceux qu'il préfere, c'est la faute de ses instituteurs. Cependant, sa curiosité, qui embrasse mille objets, ne se porte pas sur quelqu'un d'eux avec une attention persévérante ; et c'est ainsi qu'elle enrichit sa mémoire plus qu'elle n'exerce son jugement.

Il est crédule : il adopte toutes les opinions qui ne contrarient pas son sentiment du moment ; il change de même toutes celles que ce sentiment n'appuie pas. Sa croyance est vive, prompte, passagere, comme ses joies et ses chagrins.

Il a depuis long-tems des idées morales : il a reçu ou il s'est fait quelques maximes ; si ce sont des erreurs, elles peuvent se dissiper aisément.

La conscience de l'enfant se forme avec lenteur, et, comme je l'ai dit plus haut, d'après celles de ses actions qui ont été suivies de récompenses ou de châtimens, de douleurs ou de plaisirs. Il acquiert peu-à-peu les idées d'ordre et de justice ; il vous demande de la justice, et auparavant il se bornait à implorer votre pitié.

Presque tous les enfans ont les mêmes passions, et de la même maniere. Ce n'est guere qu'après la puberté qu'on remarque en eux ce caractere qui distingue un homme d'un homme.

La nature nous prépare à ce moment par une

inquiétude vague, et par une sorte de mélancolie : l'imagination s'allume et se présente des tableaux sans nombre, dont les couleurs ont une vivacité nouvelle. L'homme se trouve alors la force qu'il lui faut pour satisfaire à ses besoins, et il est dans le moment de sa plus vive existence. Il se mêle à toutes ses passions je ne sais quoi de tendre, et une foule d'espérances : elles sont vagues, elles sont sans bornes. Il se trouve de nouveaux rapports avec tous les hommes, et toutes les femmes l'intéressent. La vue, l'odorat, le toucher, l'ouïe, lui causent des plaisirs plus sensibles. Le sixieme sens qui s'est déclaré, a perfectionné en lui tous les autres sens ; il a changé pour lui la nature entiere, qu'il regarde avec un intérêt nouveau.

Son imagination, enrichie par le tems d'un nombre d'idées, les combine en mille manieres : de passive qu'elle était, elle devient active et féconde. A l'amusement des suppositions, succedent les projets, les systêmes de bonheur ; à l'imitation servile succede le talent de créer : le présent n'est plus tout., l'avenir intéresse. Le nouveau sens qui occupe le jeune homme, l'arrache tantôt à ses amusemens, tantôt à ses devoirs ; mais plus souvent il donne de l'activité à toutes ses passions, qui en conservent plusieurs années :

années : c'est alors que l'homme est capable de la plus forte attention et des plus grands efforts : c'est le moment des illusions, des enthousiasmes de toute espece, de tous les genres de fanatisme. Alors les idées s'enchaînent fortement ; on commence à tenir à ses opinions : il faut que l'expérience détrompe. Le tems, l'habitude et l'abus du raisonnement lient ensemble les erreurs et les vérités.

Bientôt se déclarent toutes les passions qui naissent dans la société du desir d'ajouter à la force personnelle, la force de situation ; mais souvent ces passions sont suspendues. Jusqu'à vingt-cinq ans, on est, par moment, ambitieux, avide d'estime ou de richesses ; mais toujours amoureux du plaisir, on voit rarement que cette passion s'oppose aux succès des autres passions, et la sensibilité de notre ame nous rend si heureux, que nous serions souvent tentés de nous borner au plaisir d'être sensibles.

Plein de courage et d'amour, le jeune homme a toutes les passions qui tiennent à l'amour et au courage. Il est d'ordinaire bon, libéral, généreux ; il est aisément vain : ses haines sont plus vives que durables. Il est prompt dans ses vengeances, il ne peut ni les préparer ni les attendre.

Il a été dès l'enfance amoureux de la liberté; mais sa passion pour elle augmente dès qu'il a pu prendre confiance en sa raison.

L'homme passe enfin de ce bel âge à celui de la maturité, à cet âge où les habitudes ont confirmé le caractere, et où la raison commence à s'enrichir moins et à s'exercer davantage. Les idées se sont liées par l'habitude et par leurs convenances avec le caractere, la situation où l'on se trouve, l'état qu'on a embrassé : elles se sont enchaînées par le raisonnement ; leur chaîne est plus longue. On croit avec plus de force ce qu'on croit encore ; mais on doute plus souvent que dans la jeunesse : on examine avec soin les systêmes, les opinions et les faits qui doivent être le fondement de notre croyance.

Nous avons moins à cet âge ce feu des esprits, cette surabondance de vie, qui nous faisait éprouver sans cesse le sentiment d'une vive et brillante existence : le corps a toute sa santé et toute sa vigueur; l'esprit, l'exercice le plus facile de toutes ses facultés ; l'imagination est vive encore, mais plus réglée. Le cultivateur, l'artisan, l'artiste, enfin le plus grand nombre des hommes s'acquitte, avec plus de volonté et de talens, des fonctions de leur état. Pour peu que nous ayons de succès dans nos travaux, ils nous deviennent chers : nous sommes moins distraits par les voluptés, l'inquiétude, les espérances illimitées, et les desirs vagues de la jeunesse.

On s'attache à ses propriétés, on veut les conserver ou les augmenter ; c'est alors que la cupidité et l'ambition sont dans toute leur activité, et, selon les circonstances, nous rendent justes ou injustes. Ceux qui sont nés pour la gloire en ont déjà goûté les charmes, et travaillent pour les goûter encore. Toutes ces passions sont les sources d'utiles travaux ou de viles intrigues, de crimes ou de belles actions : c'est le tems de la corruption réfléchie ou de la vertu prudente. C'est à cet âge qu'on jouit avec le plus de lumieres de sa bonne conscience. Jeune, on a la passion de la vertu ; dans l'âge mûr, on en a mieux la jouissance tranquille et continue.

On s'est soumis au joug du mariage ; cet état et les projets qui en sont la suite, l'envie d'élever en paix ses enfans et de jouir sans trouble de ses propriétés, ont fait sentir le prix de l'ordre public, et l'on s'y attache avec plus de force que d'enthousiasme.

On se connaît mieux, et on connaît mieux ses semblables. L'amitié est moins vive que dans la jeunesse, mais elle est plus solide ; la bonté est moins active, mais elle est moins interrompue par les passions ; l'amour est moins impétueux et plus constant. On fait alors par procédés beaucoup de choses qu'on faisait par sentimens ; et il y a dans notre conduite avec les autres quelque chose de plus exact et de moins généreux.

Ces passions tranquilles, que des préceptes répétés, l'expérience et l'habitude ont mis dans notre ame, l'amour de la patrie, de l'ordre, de la justice, de la raison, etc., sont devenues d'autant plus puissantes sur nous, que les autres passions commencent à s'affaiblir. La plupart des plaisirs, mieux connus, sont desirés plus modérément : on cherche moins ce qui peut amuser que ce qui peut être utile ; on craint moins ce qui peut déplaire que ce qui peut nuire ; et l'occupation, les soins, les projets, les fonctions de son état remplissent assez l'ame, pour qu'elle ne cherche point avec trop d'ardeur les vaines dissipations.

Entre cinquante et soixante ans, il est assez commun de perdre quelque chose des talens et des qualités qu'on estimait le plus en soi. Le sixieme sens, le sens du goût et tous les autres, perdent de leur énergie et de leur délicatesse. Avec le sentiment de ses forces, on perd peu-à-peu de ce courage qui fait agir, de cette audace qui fait entreprendre ; nous craignons les obstacles que la confiance en nous-mêmes nous faisoit braver autrefois. Cette confiance diminue de jour en jour : la faiblesse de nos sentimens nous dispose à l'ennui. L'imagination courbée sous le joug du jugement, n'est plus ni vive ni féconde, et n'ajoute plus aux tableaux des objets ces idées accessoires, qui portaient nos desirs au-delà de nos besoins ou factices ou naturels : nos espérances sont bornées, et nos craintes augmentent.

Il arrive enfin cet âge, où le corps est sans vigueur, et l'ame sans énergie. Les sens sont flétris ; et si l'on est moins sensible à la douleur physique et morale, on l'est moins aussi aux jouissances douces de la société et de la nature ; on ne voit plus dans le vague, et comme à travers une vapeur qui en augmentait le nombre et les charmes, ni les biens ni les plaisirs : la plupart sont perdus pour jamais, et ceux qui restent sont faiblement sentis. On n'a plus le contentement de sa maniere d'être ; l'amour propre, pour jouir de lui-même, commence

L 3

à se retourner vers le passé : l'ame est prête à livrer l'entrée au cortege des passions tristes. L'infirme et colérique vieillesse, dit Shakespear, a le sentiment de sa débilité ; elle se sent plus disposée à la crainte : le vieillard voit les autres jouir des plaisirs qu'il regrette, et il a peine à se défendre de l'envie. La crainte et la paresse ont changé sa cupidité en avarice.

Plus occupée de conserver que d'acquérir, la vieillesse a moins d'occasions d'être injuste : elle l'est dans ses jugemens, que dicte l'humeur, plus que dans sa conduite, où regne la modération. Le vieillard doit des plaisirs à la mémoire, comme la jeunesse en doit à l'imagination ; ces plaisirs ne le transportent pas, mais ils l'amusent. Les idées étrangeres à ses besoins présens, à ceux de ses plaisirs qu'elle est flattée d'avoir goûtés autrefois, aux situations intéressantes où elle s'est trouvée ; s'effacent peu-à-peu de sa mémoire ; et le présent, vu sans intérêt et presque sans attention, ne laisse pas de traces profondes.

La curiosité ne porte pas le vieillard à s'instruire de ce qui ne le touche pas immédiatement ; elle n'est plus en lui une passion : il doute assez volontiers, parce qu'il n'est pas pressé d'agir ; mais il ne doute pourtant que quand il est question de prendre des opinions nouvelles. Il tient fortement à ses anciennes opinions, quoique la plupart des preuves soient sorties de sa mémoire ; le systême des vérités qu'elle contient n'est composé que de résultats.

Il y a des vieillards qui jouissent encore des beaux arts : ce sont ceux qui les ont bien connus, et ils sont plus sensibles au mérite de l'art qu'à ses effets.

S'ils ne sentent pas vivement leur existence, ils ne cherchent pas à retrouver la vivacité de ce sentiment : les émotions vives useraient leurs ressorts affaiblis. Ils aiment encore la vie, mais ils l'aiment moins que dans leurs beaux jours.

Ils jouissent de leur faiblesse même, parce qu'ils savent goûter le repos, et ils ne veulent l'interrompre que par des plaisirs modérés et faciles. Le sentiment du ridicule est un de ceux qu'ils conservent le plus long-tems. Ils sont volontiers moqueurs, et souvent il entre un peu de malice dans leur gaîté.

Ils aiment encore, mais c'est toujours avec la crainte de n'être pas aimés. La défiance des hommes et des choses, que l'expérience et leur faiblesse leur ont donnée, fait une partie de leur prudence et de leur humeur. Ils sont opposés à toute nouveauté, parce qu'ils sont soumis à l'habitude, et ils veulent achever de vivre comme ils ont vécu. La nouveauté flatte le jeune homme et alarme le vieillard : elle semble toujours promettre à l'un des plaisirs, et à l'autre des dangers.

Les vieillards aiment l'ordre, la justice, leur patrie ; du moins ces passions sont les dernieres de l'homme de bien ; mais elles sont faibles comme toutes les autres. Les vieillards ne prétendent plus mériter la gloire, ils aiment la considération : leur âge seul en donnait avant l'invention de l'imprimerie ; alors on recevait d'eux, par tradition, la raison et les faits intéressans. Aujourd'hui le vieillard qui a le plus d'esprit et de mémoire, instruit moins qu'un bon livre. Il ne peut avoir de considération que par sa fortune, ses honneurs, un reste de crédit et le souvenir de sa conduite passée. Le peu de sentimens qu'il inspire, les sentimens honnêtes qu'il a conservés, quelques occupations mêlées de beaucoup de repos, un très-petit nombre d'amusemens, le font jouir de la décrépitude même ; et quiconque a su vivre, sait vieillir et finir.

ANALYSE
DE LA FEMME.

LIVRE SECOND.

INTRODUCTION.

La plupart des préceptes généraux, des principes de la morale, conviennent également à l'un et à l'autre sexe ; mais il y a certains préceptes particuliers qui ne conviennent qu'à l'un des deux ; leurs qualités physiques n'étant pas les mêmes, ils ont dû nécessairement avoir des qualités, des situations, des fonctions différentes.

Ces qualités, ces situations, ces fonctions influent sur le genre ou le degré de force ou de faiblesse des penchants et des passions. Il faut donc savoir quels sont dans chaque sexe, les penchants les plus ordinaires et les plus puissans ; quelles sont les passions les plus communes et la maniere dont on les éprouve.

Cela était nécessaire avant de prétendre à former leur raison, et avant de leur donner des préceptes et des lois; puisque les conseils de la raison, les préceptes et les lois ne sont faits que pour exciter, réprimer et régler les penchans et les passions. Il fallait donc que l'analyse de la femme suivît celle de l'homme.

J'ai donné à cette analyse la forme de dialogue; et ma meilleure raison, c'est que cette forme n'est pas celle que j'ai donnée à l'analyse de l'homme. On ne peut trop varier les formes dans un ouvrage de philosophie aussi étendu que le mien : c'est le seul moyen de le faire lire tout entier; et pour qu'il soit utile, il faut que l'ensemble en soit connu.

J'ai choisi pour interlocuteurs la célebre Ninon de l'Enclos, et le philosophe Bernier. J'avois besoin d'une femme d'esprit qui n'eût pas conservé cette retenue et cette dissimulation que les mœurs imposent à son sexe; il me fallait une femme qui eût beaucoup pensé, beaucoup vu, et qui osât tout dire. J'avais besoin d'un philosophe raisonnable, et qui connût le globe et l'histoire. Bernier était un des disciples de Gassendi, et peut-être le plus éclairé. Il connaissait l'antiquité, il avait beaucoup voyagé, et il avait pu se former des idées justes sur les femmes de tous les tems, et de tous les climats.

Il y a dans cette analyse quelques observations heureuses qui ne m'appartiennent pas. C'est M. de Montesquieu qui a trouvé le premier la raison pourquoi les femmes des pays méridionaux ne sont que des esclaves méprisées, et pourquoi celles de nos climats sont des compagnes auxquelles nous rendons une espéce de culte. Je n'ai pas cité M. de Montesquieu, parce qu'il est de ce siecle, et que je faisais parler Bernier qui vivait dans le siecle passé.

DIALOGUES *entre le philosophe Bernier et* Mlle. *de l'Enclos.*

DIALOGUE PREMIER.

De la constitution physique des femmes, de leurs sens, de leur imagination, de leur esprit.

Il était arrivé depuis peu à Paris une très-belle copie du fameux tableau de la Vénus du Titien ; on l'avait placée dans une salle des Tuileries, où les hommes de goût allaient l'admirer. Mlle de l'Enclos, qui aimait tous les arts, parce qu'ils donnent tous des moyens de jouir, voulut voir ce tableau. Elle se rendit aux Tuileries avec le philosophe Bernier, revenu depuis peu de ses voyages. Ils étaient alors fort occupés de la morale d'Epicure ; et comme elle n'est point fondée sur des chimeres, mais sur la connaissance de l'homme, les qualités bonnes et mauvaises des deux sexes faisaient souvent, entre Bernier et Mlle de l'Enclos, le sujet de la conversation. Ils avaient l'un et l'autre beaucoup d'envie de trouver les vérités utiles à leur bonheur : ils ne cherchaient pas à montrer de l'esprit, et ils ne s'égaraient pas en vaines subtilités; ils ne se piquaient ni d'entendre ce qui ne peut être entendu, ni de faire des découvertes qui ne seraient bonnes à rien.

Arrivés dans le sallon où l'on avait placé le tableau, il arrêta bientôt leurs regards; Mlle de l'Enclos admira le peintre, et Bernier admira Vénus. Elle lui paraissait un spectacle plus beau que celui de toutes les merveilles de la nature. La déesse était représentée, soutenant sa tête d'un de ses beaux bras, et couchée au bord d'un ruisseau, sur un gazon frais, à l'ombre de quelques arbres. La verdure est de toutes les couleurs celle qui contraste le plus agréablement avec la blancheur, et le gazon sur lequel reposait Vénus relevait l'éclat de ses charmes. Les yeux du philosophe se promenaient sur ce corps admirable, où des veines d'un bleu tendre et quelquefois l'incarnat des roses, se mêlaient à l'albâtre le plus pur. Il se disait que de toutes les couleurs, celles qui étaient répandues sur le corps d'une belle femme étaient les plus charmantes. Il faisait remarquer à Mlle de l'Enclos les belles proportions du corps de Vénus, et ces contours faciles, ces gradations insensibles, ce poli, qui promettent tant de plaisirs et des plaisirs si variés au sens du toucher.

Bernier resta quelque tems sans parler, et les yeux fixés sur la déesse ; Mlle de l'Enclos le regardait en souriant, et le plaisanta sur sa rêverie. J'étais occupé, dit-il, à donner de la vie à cette belle figure, et je la voyais se lever et marcher ; je trouvais dans tous ses mouve-mens une facilité, une mollesse, une grace, telles qu'on les doit attendre de ces membres arrondis et flexibles. J'ai fait plus, j'ai supposé que la déesse attendait Adonis : j'ai donné à ses regards une expression vive et tendre, j'ai vu dans ses yeux je ne sais quelle humidité qui les rendait plus brillans, je crois même avoir entendu sa voix. Elle appelait Adonis : que le son de cette voix est à la fois perçant et doux ! il enchante l'oreille. Oh ! qu'une belle femme est un bel ouvrage ! quel être divin ! et qu'il mérite bien d'être adoré !

Je suis de votre avis, dit Mlle de l'Enclos, et je suis indignée qu'une créature si charmante soit presque partout condamnée à la servitude. Plus je suis convaincue du mérite des femmes, et plus leur destinée me révolte : l'homme a reçu l'empire, et l'obéissance est notre partage. Il y a long-tems que j'ai protesté contre cette loi, il ne m'était pas possible de m'y soumettre : elle est injuste, et l'injustice blesse les ames raisonnables. Vous souriez; quoi! vous, philosophe, délivré des préjugés de votre pays, auriez-vous conservé ceux de votre sexe? Ce que je viens de dire vous paraît ridicule. Eh! pourquoi serions-nous une espece d'êtres absolument dépendante de la vôtre? N'avons-nous pas, comme vous, de l'esprit et de la raison? Vous vous vantez d'avoir le courage exclusivement: les femmes des Daces et des Cimbres n'allaient-elles pas à la guerre? les histoires de l'antiquité ne sont-elles pas remplies des exploits des Amazones? Les filles des Sauromates n'avaient pas la permission de se marier avant d'avoir apporté la tête d'un ennemi. Si vous aviez daigné nous associer au gouvernement et aux travaux qui conduisent à la gloire, nous vous aurions surpassés. Je me garderai bien, dit Bernier, de donner à notre sexe quelque préférence sur le vôtre. Il y a entre eux des différences, la nature le voulait ainsi: tous deux répondent à ses vues; et pour y répondre, il ne fallait pas qu'ils eussent les mêmes qualités de la même maniere.

Mlle de l'Enclos quitta les Tuileries, et retourna chez elle, où elle amena Bernier. Lorsqu'ils furent arrivés, ils reprirent la même conversation. Vous savez, dit-elle, que je me suis occupée de philosophie, beaucoup plus que les hommes mêmes ne s'en occupent en France. J'ai voulu connaître le lieu où la nature m'avait placée, les êtres qui m'environnaient, et moi-même. J'ai donc lu beaucoup de philosophes, et j'avoue que je n'ai jamais été contente de ce qu'ils ont dit des femmes. Montagne est le seul qui les ait un peu connues; mais ce qu'il en dit dans son chapitre sur les vers de Virgile ne leur est pas favorable, et il en parle trop peu. Les philosophes ne nous ont pas étudiées sérieusement; souvent nous avons été pour eux, comme pour nos amans, l'objet d'un goût léger, plutôt que d'une occupation véritable.

Vous pouvez, dit Bernier, excepter Platon du nombre des philosophes qui vous ont traitées légerement : ce bon disciple de Socrate vous aimait de tout son cœur; mais il était plus enclin à imaginer qu'à observer. Vous avez été l'un des objets de ses rêveries. Il vous donne, dans sa république, les mêmes qualités et les mêmes fonctions qu'aux hommes : les deux sexes ont chez lui le même caractere. Eh bien, dit Mlle de l'Enclos, vous croyez donc qu'il se trompe beaucoup? Mais, je le crois, dit Bernier; je vous ai souvent entretenue de mes observations

sur

sur l'homme; j'ai observé la femme avec plus d'intérêt encore, et si vous voulez..... Si je le veux, dit Mlle de l'Enclos! Candale ne doit venir chez moi que ce soir, et en l'attendant, je n'ai rien de mieux à faire que d'écouter un philosophe.

Bernier ayant repris la parole : l'homme, dit-il, a ordinairement un seizieme de hauteur plus que la femme. Les artistes donnent sept têtes ét demie à la Vénus, huit têtes et quelques modules à l'Apollon. Vous avez en plus grande abondance que nous plusieurs de ces liqueurs qui entrent dans la composition de nos machines. Les femmes sont d'un tempérament plus sanguin et plus humide que les hommes; vos os sont moins durs que les nôtres, peut-être seulement parce qu'ils sont plus arrosés par les fluides. Les muscles de l'homme sont compacts, nerveux, fortement prononcés; les vôtres sont composés de fibres médiocrement tendues, de chairs molles et humides, mais pressées dans la jeunesse sous l'enveloppe qui les couvre. Nos membres ont des formes anguleuses et quarrées, ils se remuent avec une sorte de roideur, avec une brusque précipitation; les vôtres ont de la rondeur, des contours agréables, de la souplesse, un jeu facile; enfin, il

Tome I.   M

faut nous rappeler les belles formes de la Vénus, et nous la peindre en mouvement. Le célebre Santorius, celui de tous les médecins qui a fait le plus d'expériences sur la transpiration, pense qu'il entre dans votre composition moins de phlogistique, de feu élémentaire, que dans la nôtre ; il pense aussi que vous transpirez beaucoup moins que nous.

Ces formes si charmantes, ce teint uni, frais et animé, sont les effets nécessaires de votre constitution ; mais c'est en vous refusant la force, que la nature vous a donné la beauté.

Des fibres délicates et des nerfs très-mobiles vous composent des sens délicats ; vos yeux sont perçans, mais faibles : il ne leur faut qu'une lumiere douce, et des couleurs d'une médiocre vivacité ; la verdure, le gris, le lilas, l'orangé, le bleu tendre, sont les couleurs que vous aimez ; le rouge ou l'extrême blancheur offensent souvent vos yeux.

Les bruits forts et les sons éclatans, qui plaisent à l'oreille de l'homme, ébranlent fortement la vôtre. L'harmonie qui résulte d'un grand nombre de voix et d'instrumens, plaît médiocrement aux femmes ; il ne leur faut qu'une musique douce et tendre, enjouée ou pathétique.

Je crois que vous êtes plus sensibles que nous au plaisir de l'odorat ; vous devez à ce sens des jouissances ou des angoisses que nous connaissons peu : les voluptés de l'odorat vous disposent peut-être plus que nous aux voluptés du sixième sens ; car il y a des rapports de l'un de ces sens à l'autre.

Il y a un rapport plus sensible entre l'odorat et le goût ; d'ordinaire ceux qui ont le nez fin ont le goût délicat. Vous dire que vous saisissez mieux que nous les différentes nuances des odeurs, c'est vous dire que vous distinguez mieux les différentes nuances des saveurs : votre gourmandise est plus éclairée que la nôtre, votre palais sensible est souvent blessé par les liqueurs spiritueuses, par les mets très-assaisonnés, et en général par les saveurs fortes. Les boissons simples, les alimens doux, le lait, les fruits, les légumes vous flattent plus que tous les autres alimens. En même tems que votre gourmandise est plus rafinée que la nôtre, elle est moins avide, et le sentiment de la faim n'est pas chez vous un mobile aussi puissant qu'il l'est chez l'homme.

Le sens du toucher est plus délicat dans votre sexe que dans le nôtre ; il est plus aisément blessé par les corps durs, rudes et anguleux,

La délicatesse des organes de vos sens, vous rend susceptibles de beaucoup de sensations vives, qui sont si faibles dans l'homme que souvent il n'y fait pas attention. Vous avez une foule de petits plaisirs qui suffiraient à votre bonheur, si le bonheur consistait dans le grand nombre des petits plaisirs. Ce qui vous amuse cependant vous satisfait, et semble vous suffire. Tandis que le besoin pressant de nous unir à vous, nous tourmente, ou que d'autres besoins nous entraînent, que nous formons des projets, que nous entreprenons de grands ouvrages, et que nous sommes agités en mille manieres par le feu des pensées, ou par la force des passions, vous n'éprouvez que des desirs momentanés pour de petites jouissances.

L'homme semble être plus heureux par la combinaison de ses idées et par l'action, et la femme plus contente dans un repos mêlé de quelque mouvement.

La délicatesse de vos organes, la vivacité des impressions qu'ils reçoivent, fait le caractere de votre imagination : tout se peint vivement dans votre cerveau, les objets y sont retracés plus fidelement que dans le nôtre; mais vous ajoutez moins que nous des idées à celles que vous avez reçues : vos sens toujours mobiles, votre sensibilité toujours excitée par les intérêts du moment, vous font oublier trop souvent vos principes ou l'intérêt de votre vie entiere. Les femmes sont un peu caraïbes : j'en ai peu vues qui ne fussent prêtes à sacrifier la durée du lendemain à une minute du jour qui passe. Ah ! dit Mlle de l'Enclos, vous faites de nous des enfans. Non, dit le philosophe, je fais de vous des êtres fort sensibles. Trop émues par tout ce qui vous environne, maîtrisées par vos sensations ou par vos sentimens, votre imagination se borne à être passive : elle représente vivement les objets ; c'est un miroir fidele, mais elle est rarement un tableau : la force de l'invention vous a été refusée. J'aime, dit Mlle de l'Enclos, que vous nous refusiez l'invention. Vous n'avez donc jamais vu la jeune fille, que ses parens veulent tenir éloignée de son amant ; vous n'avez pas vu tout ce qu'elle imagine pour tromper ses surveillans, et comme elle choisit presque toujours les moyens les meilleurs : son amant, quelque esprit qu'il ait, n'est alors qu'un sot en comparaison de sa maîtresse. Mon cher Bernier, je vois que vous n'avez pas assez vécu en bonne compagnie ; vous auriez vu une coquette entre deux ou trois amans, à chacun desquels elle veut faire croire

M 4

froids ou brûlants. Vous jouissez mieux que nous du plaisir de vous reposer sur des corps qui résistent mollement à l'impression du vôtre. Mais, peut-être n'êtes-vous pas aussi sensibles que nous au plaisir de parcourir des formes rondes et polies, et sur lesquelles nos mains et nos levres se promenent avec délices. Vos caresses vives et tendres semblent être l'effet du sentiment, plutôt que du plaisir du toucher. Il est vrai que nos formes ne sont pas arrondies comme les vôtres, et que nous n'avons pas une peau aussi douce et aussi fine que vous. Nous vous aimons comme belles, et vous nous aimez comme forts. Le rôle de la femme est de plaire, et celui de l'homme de protéger et de défendre.

J'aurais bien des choses à dire sur les plaisirs du sixieme sens. Ici la philosophie, sans s'expliquer clairement, va chercher à se faire entendre. Tout ce qui tient à l'amour a besoin de mysteres : il est des voiles que la main du philosophe doit craindre de lever. La femme qui aime le plus la vérité doit lui préférer les graces; la pudeur en est une, et je ferai de mon mieux pour la respecter.

Il n'est pas fort commun que les desirs vous inquietent aussi souvent, et vous sollicitent aussi puissamment que nous : le plaisir qui doit les suivre vous est peut-être moins nécessaire qu'à l'homme ; mais il est chez vous précédé et suivi d'un grand nombre de sensations délicieuses que la nature ne nous a pas accordées. Le plaisir de l'amour épuise moins vos forces qu'il n'épuise les nôtres : il vous transporte plus rarement, mais il vous amuse plus souvent et plus long-tems.

Il est vraisemblable que chez vous, l'organe de la pensée tient de la nature de vos autres organes ; il doit être faible et délicat comme eux : de plus, il doit être souvent dérangé par des accidens inconnus à l'homme. Le diaphragme, siege de notre sensibilité, est plus mobile, plus aisément affecté chez la femme que chez l'homme, et ces émotions influent sur le cerveau. Mais il est chez vous un autre organe qui attaque et dérange souvent celui de la pensée : la matrice est pour la femme un second diaphragme. Dans le tems de certaines infirmités, ou des grossesses, vous êtes plus vivement et plus sensiblement émues que dans d'autres momens. C'est alors que vous êtes sujettes aux fausses liaisons d'idées, au changement de caractere, aux fantaisies bizarres, et que vous devenez incapables d'une attention suivie.

M 3

qu'il est préféré ; c'est là où vous auriez vu de l'invention : vous auriez admiré la fertilité de notre esprit dans une foule de moyens de tromper, qui ne seraient jamais venus dans la tête du fat le plus consommé. Ah! dit Bernier, je suis loin de vous refuser cette espece d'invention là ; mais elle ne prouve pas grand'-chose : il ne faut pas qu'une femme ait un esprit supérieur pour tromper ses amans, il suffit qu'elle soit jeune et belle. Mme de Montbazon a mené par le nez M. le Prince, M. de la Rochefoucault et d'autres, et Mme de Montbazon n'a pas le sens commun. C'est précisément parce que vous avez beaucoup de cette espece d'invention, qu'il vous est difficile d'en avoir une autre. Remarquez que les vues, les moyens, les artifices de votre petite-fille, ou de votre coquette, sont inspirés par le sentiment et la situation du moment; or, de cette invention-là vous en avez beaucoup plus que nous. Je me hâte de vous montrer les avantages de votre sexe ; ce n'est pas auprès de Mlle de l'Enclos que je puis les oublier. La vivacité des impressions que vous recevez, fait que vous êtes tout entieres à la situation, au moment actuel; vous avez plus que nous la présence d'esprit : l'inquiétude de l'avenir, le souvenir du passé, leurs rapports avec le présent ne viennent point gêner votre imagination; mais donnez à votre petite-fille plus de raison, faites mieux sentir à votre coquette les dangers qu'elle peut courir, et vous leur ôterez une partie de leur invention.

Il me semble, dit Mlle de l'Enclos, que vous êtes obligé de convenir que nous avons l'invention dont nous avons besoin, et que si d'autres intérêts.... Ecoutez, dit Bernier, il n'y a qu'une sorte d'invention que je vous refuse, c'est celle qui demande une forte attention avec une longue chaîne d'idées, et une longue suite de raisonnemens. Je vous ai dit que vous en étiez privées; les faits d'ailleurs déposent pour moi. Vous n'êtes pas la seule femme qui ait aimé la philosophie : on en a vu en Asie, en Egypte, en Grece, à Rome, dans l'Italie moderne et partout. Y en a-t-il une seule qui ait jamais fait une de ces importantes découvertes réservées aux têtes qui ont beaucoup médité ? Vous n'avez presque jamais vu nettement l'ensemble d'un systême, vous avez toujours adopté de préférence ceux qui n'étaient que l'ouvrage de l'imagination : c'est pour Platon, Zénon, Descartes que les femmes se sont passionnées. A la maniere dont elles épousent et défendent ces auteurs si parfaitement obscurs, on dirait que par une grace spéciale la providence leur aurait accordé l'intelligence du galimatias.

Votre curiosité se borne d'ordinaire aux objets qui vous environnent ; vous aimez mieux apprendre les secrets de votre société que ceux de la nature, et vous êtes trop empressées de savoir ce qui se passe pour faire des recherches sur ce qui s'est passé.

Plusieurs femmes font des romans et des poëmes. A-t-on vu dans leurs ouvrages le talent de créer des caracteres vraiment originaux ? Y a-t-on vu ces intrigues combinées, ces contrastes sublimes, ces idées profondes, qu'on trouve dans les ouvrages de plusieurs hommes qui ne sont pas même du premier rang.

Les deux passions les plus communes chez les femmes, sont certainement l'amour et la dévotion ; eh bien ! dans ce grand nombre de femmes agitées par la crainte ou l'adoration des puissances invisibles, y en a-t-il une seule qui ait fondé une religion ? Il est vraisemblable qu'une femme fort occupée du soin de sa gorge imagina la déesse des tetons ; une autre, dans les douleurs de l'enfantement, découvrit qu'il y avait une déesse qui présidait aux couches. Mais aucune n'a fait un système religieux, elles ont seulement ajouté quelques petits soins et quelques délicatesses au culte reçu. Les impératrices Irene et Théodora rétablirent en Grece le culte des images. Les femmes n'ont point deviné les lois éternelles et l'Etre suprême : elles ont inventé des moyens de lui plaire. Croyez-moi, Mademoiselle, il y a une sorte d'imagination qui demande beaucoup d'attention et de force, et celle-là n'est pas le partage du sexe aimable, né pour la tendresse, la bonté et les graces.

Je respecte les femmes sans leur prêter des qualités ; je ne les vois point telles qu'elles ne sont pas, je les aime telles qu'elles sont ; et dussé-je porter trop loin la franchise philosophique, je vous dirai encore que si elles ont peu d'invention, elles n'ont pas davantage cette imagination forte qui, dans la poésie et l'éloquence, répand sur les détails les grandes idées, les sentimens profonds, la rapidité, le sublime et l'énergie. Héloïse et Sapho sont les seules femmes connues qui aient peint vivement l'amour, et toutes deux parlaient de leur propre passion : il me semble qu'avec un talent médiocre, quand on se permet de parler beaucoup de soi, on en parle avec sensibilité ; cependant Héloïse et Sapho ont-elles mis dans la peinture de leurs passions, la force et la profondeur qui caractérisent les passions de Phèdre et de Didon? non assurément.

J'en ai dit assez, et trop peut-être, sur l'imagination des femmes; je veux dire un mot sur la liaison de leurs idées. Votre précieuse, votre divine sensibilité, l'ornement de vos ames, les délices des nôtres, est pour vous une source abondante d'illusions et d'erreurs. Vous séparez moins que nous votre jugement de vos sentimens; vous êtes plus sujettes que nous à cette liaison d'idées, qui n'est point fondée sur les rapports que les objets ont entre eux. N'avez-vous pas trouvé long-tems cette vilaine Place-Royale un beau monument d'architecture, parce qu'un de vos amans y avait un hôtel? Ne vous ai-je pas vu refuser le sens commun au cardinal de Richelieu, parce qu'il vous avait préféré Marion de Lorme. Vous avouez que Candale n'est pas un génie, mais vous lui trouvez quelques dispositions à jouer un rôle dans l'Etat. Phriné rencontre à Corinthe des Lacédémoniens, qui ne paraissent point surpris de sa beauté, et depuis ce moment elle est persuadée que Lycurgue et ses lois n'ont fait que des sots. Qu'un jeune homme ait seulement de la figure et quelque envie de vous plaire, vous lui trouverez mille perfections dont il n'a pas une seule. Le mets qui vous flatte est sain ; ce qui vous est agréable vous est utile ; ce qui vous amuse ne peut vous nuire. Vous êtes plus que nous sous l'empire des illusions : elles influent sur vos opinions, qui changent avec vos goûts et vos aversions ; elles tiennent rarement l'une à l'autre. Vous êtes moins conséquentes que nous, qui ne le sommes pas assez ; nos folies sont systématiques, et les vôtres sont isolées : chez vous la folie est plus fréquente, mais vous vous en corrigez ; chez nous elle est plus incurable. Vous avez plus que nous les illusions qui vous promettent, dans le plaisir que vous cherchez, tous les charmes et toutes les délices dont il peut être accompagné ; mais vous avez moins que nous les illusions qui nous font voir comme excellens les moyens que nous avons de vaincre les obstacles qui sont entre nous et le plaisir : cela tient à ce que vous avez moins que nous le sentiment de vos propres forces, et l'assurance d'en faire un libre usage.

Mais, dit Mlle de l'Enclos, êtes-vous bien sûr que nous n'avons pas ce sentiment de nos forces ? J'ai vu le grand Condé à mes pieds, et dans ce moment je sentais mes forces. J'ai là-dessus quelques idées confuses, et je veux chercher à les éclaircir. Mais il faut, pour aujourd'hui, finir la conversation : la fin du jour approche, et je ne me suis jamais sentie moins propre à méditer. Allez-vous-en, mon cher ami; mais venez me voir dans peu, venez passer une journée avec moi dans ma petite maison du bois de Boulogne.

A peine ces mots étaient prononcés qu'on entendit frapper à la porte ; Candale arrivait, et Bernier se retira fort à propos, comme il convient à un philosophe.

DIALOGUE SECOND.

Sur les causes, le genre des passions des femmes, et sur leur caractere.

Il y avait plusieurs jours que Mlle de l'Enclos et Bernier ne s'étaient rencontrés. Cette fille aimable et sensée n'avait point passé tout ce tems à étudier son sexe. Dès sa premiere jeunesse, livrée à la licence par un pere corrompu, à peine eut-elle l'usage de sa raison qu'elle rougit de sa conduite ; mais il n'était plus possible de rentrer dans la route de l'honneur. Elle sentit qu'elle ne pouvait prétendre à la considération d'une honnête femme : elle voulut avoir celle d'une femme d'esprit et d'un homme de bien, elle y parvint; et de toutes celles qui ont voulu l'imiter, aucune n'a pu jamais échapper au mépris.

Son esprit juste et raisonnable avait besoin de la vérité, comme son cœur et ses sens avaient besoin de l'amitié et de l'amour. Candale était beau, jeune et fort amoureux : il était son amant, cela est dans l'ordre; mais il était, à ce qu'on dit, passablement sot; et elle voyait beaucoup Saint-Evremond, qui avoit de l'esprit, et qui avait de plus la réputation de philosophe, comme l'avaient alors tous ceux qui pensaient librement sur la religion ; il passait pour connaître les hommes, parce qu'il connoissait le monde. Mlle de l'Enclos voulut continuer avec lui ses recherches sur les femmes; ils découvrirent ensemble quelques vérités, qu'elle n'aurait pas voulu devoir à Bernier, qui, malgré sa philosophie et l'envie d'être poli, laissait voir quelquefois le sentiment de sa supériorité : elle le fit souvenir du rendez-vous qu'elle lui avait donné au bois de Boulogne.

Le philosophe qui aimait la promenade et les belles filles qui avaient de l'esprit, se rendit à la petite maison de Mlle de l'Enclos.

Après un dîner exquis et frugal, ils se promenerent dans les routes du bois, et se mirent encore à parler des femmes. Je n'ai pas perdu mon tems, dit Mlle de l'Enclos, et j'espere que vous serez content de mes découvertes. Elle tira, en même tems, un papier de sa poche : ceci, dit-elle, n'est point un ouvrage, mais j'ai écrit quelques idées principales, auxquelles je rapporte toutes les autres. Quand je tiendrai mon papier à la main, je pourrai suivre un certain ordre, et ne rien perdre de ce que j'ai à vous dire. Vous allez voir que j'ai beaucoup observé et beaucoup pensé.

Bernier l'assura qu'il était fort empressé de l'entendre, et Mlle de l'Enclos commença ainsi.

Dès que nous avons une légere portion de cette intelligence que nous devons avoir un jour, nous nous appercevons que la nature nous a formées plus faibles que vous. Si la petite fille joue avec des enfans de votre sexe, elle est leur victime; ses petits compagnons, qui n'ont point encore appris à être justes et généreux, lui enlevent ses jouets, ses bonbons, et tout ce qu'ils peuvent. Elle voit que l'homme transporte des fardeaux qui écraseraient la femme, et que le poing de son pere peut donner des coups que le poing de sa mere ne rendrait qu'imparfaitement; elle s'apperçoit que sa mere craint son

mari;

mari ; elle ne tarde pas à craindre votre sexe, et cette crainte est augmentée par le sentiment contagieux de la crainte qui est habituelle ou dans sa mère ou dans ses compagnes. Cette habitude de redouter l'homme pourrait seule nous disposer à la dépendance ; mais il faut bien des causes pour nous déterminer à la sou-mission : heureusement nous voyons bientôt que vous êtes maîtres de tous les biens, et que c'est de vous qu'il faut attendre le logement, le vête-ment et du pain.

La nature nous a pourvues de bonne heure d'excellens moyens d'adoucir notre esclavage, et de désarmer nos tyrans ; nous savons aimer, plaire et toucher ; notre tendresse vous attire, elle vous rend humains et bons. Il est si doux d'être aimé, qu'on se plaît à l'être d'une petite fille qui n'est bonne à rien. Nous vous devenons chères avant de pouvoir vous être utiles ; nous cultivons bientôt ce penchant à la tendresse, qui sert si bien notre enfance ; nous prenons l'habitude d'être tendres, et nous nous formons dans l'art de le paraître. Nos regards, le son de notre voix, le choix de nos expressions, tout en nous vous flatte et vous carresse ; mais pour vous parler avec franchise, nous exagé-rons quelquefois l'expression de notre sentiment, parce qu'enfin cette exagération nous est utile. Voyez les caresses d'un petit garçon et celles d'une petite fille : les premières sont vives, brusques, pétulantes ; les autres sont douces, timides, et ont je ne sais quoi de mesuré : elles vous disent qu'en vous montrant beaucoup de tendresse, elles vous en cachent encore.

Ce que vous avez dit de la délicatesse de nos organes, de la vivacité de nos sensations, et de la mobilité de notre ame, vous engagera, sans doute à convenir que nous sommes plus sensibles que vous à la pitié. Cela est certain, dit Bernier, c'est une de vos plus estimables qualités. C'est un de vos boucliers, dit Mlle de l'Enclos ; dès que nous avons éprouvé ce que la pitié peut sur nos ames, nous essayons ce qu'elle peut sur les vôtres, et c'est en l'excitant en vous, que nous échappons à une partie de vos injustices ; nous l'opposons à vos volontés : la nature nous a refusé le pouvoir de vous combattre, mais elle nous a donné celui de vous fléchir. Cet aveu n'est pas fier, cependant il ne pourrait humilier qu'un esprit de travers.

Dès que nous avons senti la force de nos larmes, nous ne les épargnons pas, et même il y a des femmes qui se perfectionnent dans l'art de pleurer. Les larmes des petites filles ne sont

souvent qu'un langage, un idiôme, et plus souvent l'expression d'une fantaisie que d'un chagrin ;
elles pleurent également pour obtenir le plaisir,
et pour se délivrer de la douleur, quelquefois
seulement pour occuper d'elles.

L'exemple et nos réflexions nous apprennent
de bonne heure combien il nous est nécessaire
de nous rendre agréables à ceux dont nous
devons dépendre. L'envie de plaire est donc une
des passions que nous connaissons dès le premier âge ; nous en sentons le besoin, mais on
a trop l'injustice de la confondre en nous avec
la coquettrie, qui promet l'amour, tandis que
l'envie de plaire ne demande que l'approbation
ou ne promet que l'amitié.

Notre curiosité est bien vive sur tout ce qui
peut nous instruire dans l'art de plaire. Chez
les artisans et les habitans des campagnes, la petite
fille songe à se rendre utile ; chez nos citadins opulens, elle songe à se rendre agréable, l'une manie
l'aiguille ou le fuseau, et l'autre le pinceau ou la
lire ; toutes deux ne tardent pas à s'appercevoir
de l'intérêt qu'inspire la beauté.

Avant que le sixième sens se soit déclaré,
la jeune fille a vu qu'un beau visage, une belle
taille, une jolie jambe, de beaux bras étaient
loués avec transport ; elle est attentive à toutes

ces louanges ; elle l'est aux impressions que le beau peut faire ; elle remarque ce qu'elle a de mieux , ce qu'elle a d'imparfait, et s'occupe essentiellement du soin de faire valoir ses beautés , et de cacher ses défauts.

Nous apprenons enfin que l'homme nous doit ceux des plaisirs auxquels il est le plus sensible. Tant que nous ne sommes pas instruites du genre de ces plaisirs , la curiosité nous tourmente ; nous sentons que nous pouvons vous être nécessaires, et nous entrevoyons un moyen de passer de la dépendance à l'empire ; voilà le moment où notre amour propre commence à se laisser voir. Les premiers regards attentifs des hommes, leurs soins les plus légers , la simple apparence qu'ils se plaisent auprès de nous , voilà ce qui nous donne d'abord de la fierté ; dans la suite , une conduite régulière , l'exercice des plus aimables vertus , enfin tous les bons effets de l'exemple et d'une excellente éducation , nous rendent fières et contentes de nous.

Si pour fixer auprès de nous ces hommes qui paraissent s'y plaire, il ne fallait que leur laisser voir nos charmes naissans , soyez bien persuadé que la jeune fille qui douteroit de sa beauté , serait la seule qui aurait de la pudeur. Comment, dit Bernier, en souriant, vous ne croyez donc pas que la pudeur soit naturelle aux femmes ? Pas plus que la chasteté, dit Mlle de l'Enclos ; nous apprenons l'une et l'autre : nos mœurs peuvent devenir austères, nos penchans ne le sont jamais ; cependant lorsque nous avons quelques idées de votre caractère, de notre situation, et des graces qui peuvent vous séduire, nous trouvons que la pudeur nous embellit à vos yeux, et nous nous donnons cette nouvelle parure.

Je m'en vais peut-être vous étonner par une observation assez fine, car ce qui est fin vous étonne toujours : savez-vous que c'est au moment où le sixième sens s'éveille, c'est lorsque nous en éprouvons les premiers desirs, que la nature nous apprend à connaître la pudeur. J'ai peur, dit Bernier, que votre observation ne soit plus fine que vraie. Voyons, dit Mlle de l'Enclos, et elle poursuivit son discours en jettant quelquefois les yeux sur son papier.

L'envie de vous plaire nous disposait d'abord à vous faire connaître tous nos charmes, dans l'idée qu'un si agréable spectacle vous attirerait auprès de nous ; et nous aurions cédé, sans retenue, à l'espérance de faire d'heureux esclaves ; mais nos desirs nous font sentir une nouvelle manière de dépendre de vous ; le besoin du plaisir va s'unir à tous les autres besoins , pour rendre votre sexe nécessaire au nôtre.

. Tant que nous restions insensibles au plaisir physique de l'amour , nos faveurs étaient des graces ; vous nous sollicitiez , et maîtresses d'accorder ou de refuser , nous pouvions vous tenir dans notre dépendance ; mais dès que nous avons les mêmes besoins que vous, nous ne pouvons plus vous dominer. La nature, dans l'instant qu'elle donne aux deux sexes les mêmes desirs , les égale l'un à l'autre ; nous perdons l'avantage de vous commander en amour , et nous restons soumises dans tout le reste.

Cependant il faut jouir des plaisirs ; il faut en même temps soumettre , ou du moins adoucir nos tyrans , et pour parvenir à ces deux fins , voici ce que la nature nous inspire.

Dans la crainte qu'un besoin nouveau n'augmente notre dépendance , nous sommes d'abord humiliés de ce besoin ; il nous semble que le changement de notre sein , le feu de nos yeux , ou leur langueur , la forme nouvelle de toute notre personne , vont vous apprendre combien vous nous êtes nécessaires. Voilà l'origine de cette honte ingénue qu'éprouve la jeune fille. Nos desirs sont-ils assez puissans pour qu'il nous en coûte de les vaincre, nous leur donnons les apparences de la tendresse ; nous devenons en effet plus tendres, et le besoin de jouir se cache sous le besoin d'aimer.

Lorsque la jeune fille a plus d'âge et d'expérience, elle s'apperçoit que l'imagination ajoute beaucoup à vos passions, et que plus on cache à vos yeux, plus on vous fait imaginer. C'est en différant de satisfaire cette curiosité passionnée, qui se mêle à l'amour, que la femme irrite en vous l'amour, et c'est en l'irritant qu'elle commande.

La pudeur a bien quelques autres causes dont il est inutile de parler ; elle est, en tout temps, un de nos charmes : les graces sont à demi voilées, et doivent l'être ; c'est ainsi que les représentent les grands poëtes et les grands artistes de l'antiquité. Ceux des siècles suivans leur ont ôté leurs voiles, et ils les ont rendues moins aimables ; le goût y perd autant que les bonnes mœurs.

Je pensais, dit Bernier, que notre jalousie, le desir de vous posséder exclusivement, l'ordre de la société, nos lois, enfin nos préceptes, nos usages étaient les causes de votre chasteté, de votre modestie, et assuraient en vous ces vertus quand ils ne les faisaient pas naître.

Nous les prenons et nous les quittons, dit Mlle de l'Enclos, pour vous plaire : soyez sûr que l'envie de vous plaire est le plus puissant de nos mobiles; la puberté ne fait que donner un peu d'activité à ce premier besoin de nos ames; nous voulons régner avant de connaître l'amour. Il vaudrait mieux manquer de chasteté que d'envie de plaire : une femme sans envie de plaire, n'a pas la premiere qualité de son sexe, elle reste sans force, sans pouvoir; elle n'a ni l'esprit de l'homme, ni le nôtre; elle ne peut réussir à rien, elle n'est rien.

Nous devons la connaissance des hommes à la nécessité de leur plaire. La femme la plus médiocre connaît mieux les hommes de sa société que vous ne connaissez vos amis ou vos disciples. Dès notre enfance, nous étudions vos penchans, vos caracteres, vos passions, vos goûts. Nous nous instruisons à deviner dans vos regards, dans vos gestes, dans le ton de votre voix, ce qui se passe dans les replis de vos ames; vos pensées, vos sentimens se manifestent à nos yeux en mille manieres; vos moindres mouvemens deviennent pour nous un langage qui trahit votre secret. Nous cherchons rarement à deviner la portée de votre esprit et de votre vertu, mais nous savons par cœur toutes vos faiblesses. Les femmes dont l'éducation et l'exemple n'ont point rendu le caractere noble et vrai, cherchent moins à flatter dans les hommes le mérite que les prétentions, et les louent plus volontiers sur les qualités qu'ils affectent que sur celles qu'ils possèdent.

Nous vous jugeons séverement, par la raison que les esclaves ne pardonnent rien à leur maître. La maîtresse la plus passionnée ne pense pas toujours de son amant le bien qu'elle en dit. Nous nous trompons, et nous voulons tromper. Les talens d'un fat se perfectionnent merveilleusement dans le commerce des femmes, parce que le plus habile des flatteurs n'est pas, comme le dit M. de la Rochefoucault, l'amour propre, mais une femme qui veut séduire ; aussi dans les momens où les plaisirs de l'amour ne vous appellent pas auprès de nous, le besoin d'être flattés, consolés, ranimés, vous ramene à nos pieds. Il ne nous échappe rien de vos principes, de vos regles de conduite, du plan de vie que vous avez adopté. Ces principes nous contrarient quelquefois, et nous nous flattons bien de vous les faire abandonner dans l'occasion. Mais souvent nous nous élevons jusqu'à vous aider à les suivre ; et même dans les affaires les plus difficiles , nous devenons capables de vous donner de bons conseils.

Cette sensibilité qui nous intéressait à tout dans la société , nous a fait faire une multitude d'observations ; de ces observations sont nées des réflexions , qui ont souvent de la vérité ; elles forment en nous cette espèce de raison qui est utile à notre bonheur et à celui des autres. Le plaisir vous attachait à nous , vos intérêts vous y attachent encore. Lorsque nous perdons le charme de la beauté , il nous reste celui d'une raison séduisante ; elle nous suffit pour vous conduire ; elle est pour nous , comme la beauté, un dédommagement de notre faiblesse : avec l'une nous vous commandons , nous vous gouvernons avec l'autre , et souvent nous vous gouvernons fort bien.

Protée prend moins de formes pour échapper aux curieux qui veulent le forcer à rendre ses oracles , qu'une femme n'en prend auprès des hommes qu'elle veut gouverner.

Ce sont les femmes , sans doute, qui ont imaginé la parure. La vanité est sortie toute parée de la tête des femmes, comme Minerve est sortie toute armée de la tête de Jupiter.

Notre amour pour la parure a deux causes,

l'envie de nous embellir et celle d'attirer vos regards. Ce rouge ardent dont on dit que les dames romaines peignaient leurs joues, ne servait d'abord qu'à fixer sur elles les yeux des Romains. Ah ! dit Bernier, cela servait encore à cacher qu'elles ne rougissaient de rien.

Mais les rubis, les diamans peuvent-ils embellir les femmes ? Je ne sais, dit Bernier, si les pierreries peuvent les embellir, mais je sais qu'elles peuvent les faire passer pour riches. Je concluerai toujours, dit Mlle de l'Enclos, même après ce que vous venez de dire, que notre parure a le double motif d'attirer vos yeux et de vous plaire ; et que le chef-d'œuvre de notre génie est en effet d'inventer des ornemens qui vous frappent, et qui cachent en nous un défaut ou relevent une beauté.

Nous savons tirer parti de tous nos avantages. Est-ce par la taille que nous sommes recommandables ? Tous nos mouvemens vous la feront remarquer. Avons-nous de belles mains ? nous multiplierons nos gestes. Une belle jambe sans blesser absolument la pudeur, trouve toujours le moyen de se faire voir. Une femme qui a de belles dents ne rit point comme un autre. Nous découvrons bientôt quelle espèce de beauté vous plaît davantage , et nous savons ou la montrer, ou l'affecter.

Nous faisons bien plus, nous savons prendre la sorte d'esprit qui peut vous amuser ou vous séduire. Avec vous, mon cher ami , je suis philosophe , je chante et je fais des vers avec Charleval. Arrie et Porcie n'ont été stoïciennes que pour plaire à Caton et à Pétus.

Ce ne sont pas toujours nos fantaisies qui font nos principes ; nous adoptons volontiers les vôtres, et il y a plus d'une femme dont on pourrait deviner l'amant, quand on sait quelles sont ses opinions. Nous prenons vos défauts et vos vertus comme vos systêmes , nous savons nous teindre de vos mœurs; mais quand nous avons le sens commun, nous nous gardons bien de prendre vos manieres et vos prétentions. Dans les vertus et les qualités qui sont les plus propres à votre sexe, nous ne vous imitons pas assez pour devenir vos rivales. Il n'y a que des femmes gauches et sans agrémens qui veuillent établir la rivalité entre elles et les hommes , et vous ôter ce sentiment de votre supériorité que vous conservez avec nous , et qui est un des attraits qui vous ramènent à nous.

Le plus puissant de nos charmes, c'est l'air

du sentiment. La nature a mis dans nos regards beaucoup de sensibilité, et souvent nous nous instruisons à leur en donner davantage. Le son de notre voix est tendre, nous le rendons touchant, nous lui donnons de l'accent, nous apprenous à répandre sur nos paroles une agréable énergie.

Celles à qui la nature accorde un son de voix, des regards, des gestes où regne le sentiment, sont les seules qui aient des graces; dans votre sexe même l'air du sentiment ajoute aux graces, mais il fait les nôtres. On vous trouve les graces du corps lorsque vous avez des mouvemens libres et faciles; on ne nous en trouve pas, si nous n'avons pas dans nos attitudes et dans nos actions je ne sais quoi de doux et de sensible. Vous avez les graces de l'esprit, lorsque vous avez des idées nettes, un peu d'imagination, et des expressions justes. Cela ne nous suffit pas : il faut que notre esprit soit animé par le sentiment, il faut que nous ayons toujours moins l'air de penser que celui de sentir. Ecoutez parler Mme de *** ; sa raison est victorieuse et aimable, vous ne voyez jamais en elle un docteur, mais une amie ; en accompagnant la vérité d'images agréables, elle la rend sensible ; elle vous amuse en vous montrant que vous avez tort. Vous lui devez souvent de nouvelles idées ; mais qu'elle veuille vous persuader la vérité ou l'erreur, jamais elle ne vous laisse sans émotion.

Vous citez, dit Bernier, une femme extraordinaire, elle a tous les moyens possibles d'avoir un grand fonds de raison ; elle observe avec attention, elle voit finement, promptement et sans illusions ; son époux qu'elle adore est peut-être l'homme le plus aimable et le plus vertueux de notre nation ; elle est environnée de parens et d'amis qui ont des agrémens et les qualités essentielles ; elle n'a que des devoirs qu'il est doux de remplir ; elle a distingué de bonne heure dans nos préjugés, nos manieres, nos usages, ce qui peut aider à maintenir les vertus, et ce qui peut les affaiblir ; son esprit ne veut de la philosophie que ce qui peut en rendre les disciples plus estimables et plus heureux.

Revenons à notre sujet, dit Mlle de l'Enclos ; je crois qu'après ce que je viens de vous dire, il est assez aisé de déterminer notre caractère. Vos réflexions et les miennes, dit Bernier, m'ont encore inspiré plus de respect et d'amour pour votre sexe ; j'estime beaucoup les femmes douées des qualités qui leur conviennent ; je ne demande pas que le rossignol nage et que la carpe vole ; je demande que les êtres de chaque espèce répondent aux vues de la nature : ils n'ont pour la plupart aucune raison de se préférer, et peu de se comparer. Cela est poli, dit Mlle de l'Enclos. Cela est vrai, dit Bernier : je vais essayer sur le caractère des femmes quelques réflexions dont je dois la plus grande partie à vos lumières.

Il y a moins de différence entre vos caracteres qu'entre les nôtres. La femme differe moins de la femme par l'ame que par la figure. Semblables au caméléon qui se teint des couleurs des objets qui l'environnent, les femmes de la même contrée sont assez les mêmes. Votre caractere dépend plus que le nôtre du climat, de la situation, de l'habitude et des circonstances.

Dans les pays chauds où les femmes sont en état de sentir et d'inspirer l'amour avant que l'expérience ait pu former leur raison, dans les pays chauds où elles sont ridées et flétries à l'âge de vingt-cinq ans, elles ne peuvent jamais prétendre à jouer un grand rôle. A douze ans, elles ne peuvent aspirer qu'à recevoir et à donner du plaisir ; elles allument nos sens, elles n'attachent point notre ame ; elles n'ont ni l'art, ni les sentimens qui rendent parmi nous l'amour si délicieux ; elles ne connaissent ni les graces de la pudeur, ni le pouvoir des refus , ni l'art d'intéresser l'amour propre. A vingt-cinq ans , elles ne peuvent plus être que compagnes ou esclaves ; elles n'ont jamais en même tems le charme de la beauté et les agrémens de l'esprit , le desir de jouir et l'espérance de régner ; elles n'ont à la fois qu'un moyen de plaire et qu'un mobile. Nos femmes ont mille qualités , des fonctions , des emplois du tems , dont celles des pays chauds ne s'avisent pas ; celles-ci sont d'abord de jolis enfans , et finissent par être de grands enfans dociles et timides.

Que je me sais gré , dit Mlle de l'Enclos , d'être née dans la zône tempérée. Ah ! dit Bernier , c'est là où vous êtes long - tems jeunes et belles, où vous possédez en même tems la beauté et la raison , où votre esprit vous fait trouver plus belles que vous ne l'êtes, où votre beauté vous fait accorder plus d'esprit que vous n'en avez. Vous y êtes d'abord l'objet de nos desirs , et bientôt celui de notre culte. Votre liberté et nos hommages vous y élèvent l'ame, et c'est là où vous avez du caractere.

Bornons - nous à parler des femmes de ces heureux climats ; connaissons nos souveraines, et laissons là les esclaves de la zône torride.

Le

Le besoin de plaire, celui d'attendrir, celui d'aimer, celui de s'amuser, le sentiment de votre faiblesse, voilà comme vous l'avez observé, vos principaux mobiles; ils constituent le caractere général de votre sexe; ils contribuent séparément et ensemble à former et à varier les caractères particuliers. Leurs différences ne sont souvent que les effets de la figure, du tempérament, de la situation et de l'habitude. Les tempéramens ne sont pas aussi variés chez les femmes que chez les hommes; c'est une vérité dont tous les médecins tombent d'accord, et cette raison doit mettre plus d'uniformité dans un sexe que dans l'autre.

La différence dans les moyens de plaire est une des causes principales de la différence de vos caracteres; une femme, sûre de nous charmer par sa beauté, est fiere, contente d'elle, et médiocrement tendre; il est rare qu'elle cultive beaucoup son esprit. Je ne connais guere de belle femme qui ne se soit avisée trop tard d'avoir de l'esprit. Une belle de profession est long-temps satisfaite d'avoir une cour, cela lui suffit; et lorsque le tempérament ou quelque circonstance la décide à aimer, elle se plaît à porter à l'excès son empire sur l'esclave de ses charmes. Son amant est-il un de ces hommes

qu'on ne peut subjuguer, il n'est pas aimé long-
tems, il devient l'objet le plus indifférent du
monde ; et comme il sied bien aux grandes
ames d'oublier leurs bienfaits , on oublie tout
ce qu'on a fait pour lui. Une belle, rarement
contrariée sur l'opinion qu'elle a d'elle-même,
applaudie dès qu'elle vient à paraître, n'est point
méchante , et la compassion , cette qualité si
aimable et si naturelle à votre sexe, agit puissamment sur son cœur. Elle pourra aimer quelques rivales moins belles , et même ne point en
médire. Sûre de leur être préférée , elle n'est point
tentée de les rabaisser ; elle est assez chaste pour
conserver à ses faveurs le prix que leur donne
la rareté ; sûre de triompher par ses charmes,
elle n'aura pas une pudeur bien sévere. Phriné
pour séduire ses juges ne se montra-t-elle pas
toute nue à l'Aréopage ?

Une femme laide, si elle n'a point un amour
propre fort gauche , prétend moins plaire que
toucher ; elle fera volontiers usage de cette
sensibilité attendrissante qui a tant de charmes
pour nous; elle va chercher au fond de nos ames
le secret de nous intéresser. Moins elle a de
beautés à nous montrer , plus elle veut nous
montrer d'esprit ; mais c'est par la modestie ,
la complaisance , les attentions qu'elle veut

attacher. Si d'abord elle ne sait point enchanter, elle sait séduire, et selon le plus ou le moins de succès qu'elle aura dans sa jeunesse, vous lui trouverez deux caracteres différens.

Si dans ses premieres années elle s'est apperçue que sa tendresse, sa bonté, ses attentions lui attachaient les hommes dont elle était environnée, lui donnait des amis, et même quelques amans, elle se livrera sans doute à son charmant caractère; elle aura des agrémens, des vertus, de l'attachement à ses devoirs, et autant que cela se peut, de la fidélité. Elle sera peu coquette, parce qu'elle ne peut se flatter de plaire que par des moyens qui demandent des soins et du tems. Les femmes de ce genre sont d'ordinaire les plus estimables et les plus aimables; il faut bien leur pardonner la petite jalousie qu'excitera dans leur cœur la présence d'une belle.

Si la femme dont la figure n'est point agréable, emploie sans succès dans son enfance ou dans sa jeunesse, les attentions délicates, la bienveillance ingénieuse, les graces de l'esprit; si elle se voit fréquemment préférer les jeunes filles, parce qu'elles sont jolies; si on lui paraît faire trop de cas des qualités qui lui manquent, et trop peu de celles qu'elle possède, il est presque impossible qu'elle ne soit envieuse et méchante. Les faiblesses et les défauts des jolies femmes, ou des hommes dont elle ne peut espérer la conquête, sont les sujets ordinaires de ses méditations; elle jouit quelquefois de leurs peines, quelquefois elle les fait naître, et se perfectionne dans l'art de tracasser finement; tout ce qui a des succès l'offense, et autant qu'elle le peut, elle s'oppose à ses succès. Si elle a de l'activité, son esprit se tournera vers l'intrigue; si la paresse la domine, la médisance sera l'un de ses principaux amusemens. En général il n'y a point de femme qui n'ait la prétention de plaire; celles qui ne plaisent point, s'aigrissent et perdent de leur bonté. On attaque ordinairement les prétentions comme ridicules, on devrait les attaquer comme dangereuses. Les prétentions manquées deviennent, dans les deux sexes, de l'envie et de la malignité.

Il y a plusieurs femmes dont le besoin de l'amusement forme le caractere, et ce besoin s'oppose souvent aux progrès qu'elles auraient fait dans l'art de se rendre estimables. Cet art leur promettait des jouissances qu'il fallait préparer; pressées de jouir à chaque moment, elles se livrent aux goûts du moment. Les femmes de ce caractere sont celles qui sacrifient le plus souvent la raison à la fantaisie. Le besoin de l'amusement ajoute à l'aigreur de la femme laide ou gênée qui ne peut se satisfaire ; il ajoute aux agrémens et à la frivolité de celle qu'on amuse ; il dissipe, il distrait l'épouse, la mère la plus attachée à ses devoirs, et qui avait senti le besoin et le plaisir de les aimer.

Dans quelques états de la société, il y a beaucoup de femmes dont ce besoin de l'amusement occupe toutes les pensées, inspire toutes les actions. Il n'est pas développé, il a même rarement de l'effet chez les femmes à qui leur état rend le travail et les soins domestiques nécessaires.

Dans la dernière classe du peuple des grandes villes, les femmes sont, comme les hommes, dominées par l'instinct ; elles veulent s'amuser, et le vice les amuse ; elles ont le caractere vil que tout semble leur inspirer, elles abjurent la pudeur et souvent même la bonté. Dans les séditions élevées parmi les hommes de cette classe, elles se livrent à tous les enthousiasmes dégoutans de leurs époux ; quelquefois elles portent aussi loin qu'eux le courage, et souvent les surpassent en cruautés.

Chez le citoyen à qui l'industrie donne de l'aisance, à qui l'aisance inspire l'amour de l'ordre et qui permet quelque instruction, la femme dans tous les tems et dans tous les lieux, a connu l'ordre et s'y est soumise ; elle a pris les vertus de son état ; les occupations domestiques ont eu des charmes pour elle, et ont rempli ses momens.

Chez les femmes de la campagne dont les ames ne sont point abattues par les humiliations de la misère, les sentimens de meres, de filles, d'épouses, remplissent leurs cœurs et occupent leurs pensées ; ces sentimens ajoutent à leur bonté ; elles inspirent leur douceur à leur fils, à leur époux, à leurs frères ; elles arrêtent en eux ces haines féroces, si communes parmi des êtres peu éclairés que la raison invite à s'unir, et que divisent les grossieretés de leur amour-propre et les intérêts les plus légers. Ces femmes sont fortifiées dans leurs vertus par l'habitude, et sont moins ébranlées par les occasions ; elles pensent peu, mais d'ordinaire comme elles doivent penser ; elles imitent, mais à propos, et l'exemple ne leur inspire guere que la conduite qu'elles doivent avoir.

Parmi les femmes de la société, celles qu'entraîne le besoin de l'amusement, en choisissent rarement le genre, elles empruntent leurs goûts, leurs manieres ; elles sont rarement les mêmes, parce qu'elles changent souvent de modeles. Ce qui leur était nécessaire leur devient importun ; ce qui semblait essentiel à leur existence leur devient inutile. Il y en a même qui n'auraient jamais eu d'amans sans l'exemple d'une sœur et d'une amie, et ce qu'il y a de plus étonnant, c'est que ces passions imitées deviennent souvent de fortes passions.

Il me semble que chez les hommes les passions prennent leurs formes et leurs couleurs du caractere, et que chez les femmes le caractere prend sa forme et ses couleurs de leurs passions. La femme qui aime, n'est animée que par l'amour ; celle qui envie fortement une rivale, ne sait plus que tracasser, envier et médire. Une femme tendre ou frivole devient - elle ambitieuse, elle semble n'être faite que pour l'intrigue. Chez nous les passions vives alterent bien le caractere, mais elles ne le détruisent pas ; c'est une révolution qu'elles font souvent chez les femmes.

Sous le règne d'Aurélien, une jeune princesse quitta la cour d'un roi d'Asie, son pere, pour épouser un jeune prince qui devait être un jour le souverain de l'Arabie. Elle n'était point belle, mais elle avait de beaux yeux, une taille élégante, de jolies mains, de jolis pieds, er la plus aimable envie de plaire ; elle aimait le chant, la danse, les jeux, tous les plaisirs, et n'en aurait pas exclu l'amour.

Avant son arrivée, la cour d'Arabie était la cour la plus triste du monde : la princesse la changea dans un moment ; les jeunes gens et même les hommes d'un âge mûr, se trouvaient heureux de voir succéder les fêtes, la galanterie, le bon goût à la morgue, à la pruderie, à la dévotion. On vantait la bonté de la jeune princesse ; elle entretenait la concorde parmi les courtisans ; elle leur inspirait la bienfaisance et même, dit-on, la justice. Il y avait du plaisir à la cour, et du bonheur dans le royaume. Ce bon tems ne dura pas ; la pruderie fut la plus forte, elle tracassa la princesse, elle la contraria dans ses goûts et dans ses vertus. Les criailleries des dévotes, la gravité des sots, l'envie des laides, la forcerent de mettre la morgue à la place de la bonté ; la sévérité et l'ennui à la place des jeux et des plaisirs. Tout changea encore autour d'elle, elle changea elle-même, et devint dans peu d'années, austere, dévote, acariâtre, maligne, et la reine la plus fastidieuse qu'ait eue l'Arabie.

Ces effets extraordinaires des passions ou de la situation sur le caractere, sont plus rares chez les hommes ; ils conservent mieux les formes qu'ils ont prises ou reçues. Enfin les mêmes passions sont communes aux deux sexes, mais ils ne les éprouvent pas de la même maniere, et c'est de cette différence que nous devrions à présent nous occuper ; nous pourrions la saisir et la marquer, mais pour être sûrs de réussir dans ce dessein, il nous faudrait encore quelques jours de méditation. Mlle de l'Enclos fut de cet avis, et proposa au philosophe de revenir au même lieu dans trois jours.

TROISIEME ENTRETIEN.

Sur les passions et les vertus des femmes.

Mlle de l'Enclos n'était point chez elle lorsque Bernier y arriva ; il fut l'attendre dans le jardin ; elle y vint bientôt, et y trouva le philosophe couché sur un banc de gazon ; il avait les yeux fixés sur une masse de fleurs, son visage était riant et pensif, il avait à la fois l'air du plaisir et celui de la méditation ; Mlle de l'Enclos le tira de sa rêverie, et lui dit en l'abordant : J'ai beaucoup réfléchi depuis que je ne vous ai vue ; cela est fatigant, d'autant plus que mes réflexions ne m'ont pas toujours conduite à des

découvertes flatteuses. Vous m'étonnez , dit
Bernier, j'ai médité sur le même sujet que vous ,
et j'ai fait peu de méditations dans ma vie qui
m'ait plus agréablement occupé : penser aux
femmes est un doux emploi du tems. Ah ! dit
Mlle de l'Enclos , ne m'avez-vous pas dit , en
me parlant de l'homme , que les passions qui
naissent du sentiment de notre faiblesse étaient
des passions tristes par elles-mêmes , et que....
J'en conviens, dit Bernier , mais je ne conviens
pas que les femmes ne perdent que rarement le
sentiment de leur faiblesse ; le pouvoir de leurs
charmes , leurs graces , leurs vertus aimables
leur rendent souvent le sentiment de leurs forces.
Elles sont plus gaies que les hommes ; je ne sais
si c'est parce qu'elles se soumettent d'assez bonne
grace à leur destinée , ou si c'est parce qu'elles
font peu de réflexions. Je crois que la vivacité
de leurs sens, la mobilité et la légereté de leurs
ames , les rend susceptibles de toutes les dissipations ; elles s'amusent sans être heureuses.
Il est sûr que la crainte, comme nous l'avons
dit , vous maîtrise plus que les hommes , elle
doit se mêler à presque toutes vos passions ,
et c'est une des causes qui vous rend si passionnées. Mais l'espérance vous donne plus
d'illusions qu'à nous ; vous espérez, vous jouissez

mieux dans l'avenir : mais voulez - vous que nous cherchions ce que sont en vous les passions communes aux deux sexes ? Nous ne sommes ici que pour cela, dit Mlle de l'Enclos. Je commencerai d'abord, dit Bernier, par celle des passions qui vous occupe le plus dans nos climats, je veux dire l'amour.

S'il est rare que vous éprouviez aussi vivement que nous le besoin physique du plaisir, vous éprouvez plus que nous le besoin d'aimer, celui d'être aimées, celui d'être amusées, celui de faire admirer vos charmes, en voilà bien assez pour que l'amour soit la plus délicieuse occupation de votre vie. Le plaisir de vous donner un ami empressé, un esclave fidèle, un conseiller utile, est pour vous encore une raison d'aimer, et ce sont tous ces sentimens réunis dans vos cœurs qui les rendent si passionnés. Vous vous donnez plus entièrement que nous, et vous jouissez plus vivement et plus continuement que nous du plaisir d'aimer ; il vous inspire une délicatesse, une suite d'attentions, à laquelle nous nous piquons rarement d'atteindre ; mais plus rarement encore la force de vos passions nous assure de votre fidélité. L'amant le plus aimé ne vous rend pas insensibles au plaisir d'une nouvelle conquête.

Vous ressemblez presque toutes à la maîtresse d'Asclépiade : Je jouais un jour, dit-il, avec la blonde Hermione ; elle était sur mes genoux, vêtue d'une gaze bleue brodée en or , et sur laquelle on lisait ces mots : *Aimez - moi , et ne vous affligez pas qu'un autre me possede.*

Cependant, lorsque l'amour vous fait sentir ses délices et ses fureurs, vous oubliez trop aisément vos occupations, le soin de votre bonheur, et même de votre vie. Je ne suis point de ces dupes-là, dit Mlle de l'Enclos. Cela est vrai, dit Bernier, mais vous n'êtes pas une femme ordinaire : il ne faut point juger de notre sexe par Caton d'Utique ou par Epaminondas ; il ne faut point juger du vôtre par Elisabeth, Zénobie, et Mlle de l'Enclos. Mon imagination, dit-elle, n'a point fait de l'amour le dieu ou le tyran de ma vie. Je connais ses plaisirs, et je ne me les exagère pas ; ils sont, sans doute, les premiers entre les plaisirs des sens ; mais ces plaisirs ne font pas le bonheur, ils l'assaisonnent. L'amour m'a toujours été moins nécessaire que l'amitié.

J'avoue que je n'ai jamais été de l'avis de Plutarque et de quelques autres anciens , qui prétendent que nous ne pouvons atteindre à la véritable amitié. Nous aimons beaucoup un

homme estimable qui ne dit rien à nos sens.
Je n'ai préféré aucun de mes amans à Gourville
qui n'a jamais été mon amant. Il est vrai que
l'amitié des hommes est communément plus
durable, plus égale, plus réfléchie que la nôtre;
mais celle des femmes a plus d'abandon, plus
d'occupation de leurs amis; leur ame s'appuie si
doucement sur une autre ame; elles laissent voir
si agréablement le besoin d'être aimées. Les
hommes ont plus exactement les procédés de
l'amitié, mais nous en avons plus continuement
les soins et les graces; ils en suivent mieux
les devoirs, mais nous allons au-delà de ces
devoirs. Ne croyez-vous pas, dit Bernier, que
dans l'amitié de l'homme et de la femme les
moins propres à inspirer de l'amour, il entre
toujours un peu de cet attrait physique d'un
sexe pour l'autre. En vérité je ne le crois pas,
dit Mlle de l'Enclos, mais il pourrait bien y
entrer quelquefois un peu de coquetterie. La
coquetterie, dit Bernier, qui se permet l'exagération, et même un peu de fausseté, profane
l'amitié, où tout doit être simple et vrai. C'est
la liaison de deux ames qui veulent se rendre
meilleures et plus heureuses; cette liaison,
assez rare entre les hommes, l'est bien autant
parmi les femmes. Peut - être, en effet, dit

Mlle de l'Enclos, n'est-il pas commun de trouver des femmes qui prient leurs amis de les rendre plus parfaites, en leur promettant le même service; mais il en est qui ne semblent respirer que pour l'amour et l'amitié.

Vous connaissez Mme * * *, son imagination est vive, son cœur est tendre, et dès son enfance elle s'est abandonnée au plaisir d'aimer; elle en a goûté toutes les délices : elle a aimé avec passion, et dans sa famille et dans le monde, tout ce qu'elle devait aimer. Les perfidies qu'elle a éprouvées, l'ingratitude dont on a quelquefois payé ses sentimens, ne lui ont rien ôté de sa disposition à la tendresse; elles lui en ont seulement fait changer les objets. Elle n'a jamais haï ce qu'elle a cessé d'aimer; la haine et la vengeance n'entrent point dans son cœur ; la reconnaissance, la bonté, la générosité lui sont naturelles; dans l'amour et dans l'amitié, elle ignore si elle obéit ou si elle commande. Elle est sans coquetterie; elle a moins le besoin d'être sûre du cœur de ses amis que de leur bonheur. Elle n'a rien à cacher ou à feindre, et dans l'âge mûr, elle a conservé toute la candeur de l'enfance.

Son esprit est pénétrant, juste et fin ; dans les questions les plus difficiles, elle saisit promptement la vérité : mais elle ne s'est point livrée à des études abstraites qui dessechent le cœur et l'imagination ; elle aime les beaux arts qui exercent, épurent et entretiennent la sensibilité de l'ame : elle fait quelquefois des vers pleins de sentiment et de délicatesse. Vous pensez bien qu'elle a du goût, et qu'elle ne pardonne à aucun auteur d'être exagéré ou froid. Aux yeux des hommes corrompus, qui ne peuvent croire qu'une dupe ait de l'esprit, son esprit semble quelquefois l'abandonner. Elle ne voit point les projets malins, les faussetés, l'envie, le petit orgueil des femmes qu'elle appelle ses amies, parce qu'elle les aime. Il semble qu'elle se refuse de voir dans son sexe et dans le nôtre tout ce qu'il faudrait haïr : elle a donc toutes les vertus aimables, et même les grandes que doivent donner un esprit juste, la noblesse de l'ame et le besoin d'aimer.

Vous venez de faire un beau portrait, dit Bernier, et je conviens qu'il n'est pas flatté ; mais si les femmes savent aimer, convenez qu'elles entendent parfaitement la haine ; elles la portent plus loin que nous ; elles y excellent, leur vengeance est cruelle. Mais croyez-vous beaucoup à l'amitié qu'elles semblent quelquefois avoir les unes pour les autres ? Ecoutez

dit Mlle de l'Enclos : le besoin de l'amusement
rapproche souvent les femmes ; elles ont aussi
des confidences à se faire ; il faut bien s'unir
pour vous juger et vous tromper. Je crois en
effet, dit Bernier, que dans l'amitié des femmes
il y entre toujours un peu de ligue contre les
hommes. La nature , dit Mlle de l'Enclos , a
établi entre elles une continuelle rivalité. Deux
belles ne se plaisent point ; elles se disputent
la même chose, elles combattent avec des armes
égales ; le combat dure, et l'aversion se fortifie.
Il n'y a guere de rivaux pour les hommes que
ceux qui courent la même carriere. Corneille
n'est point jaloux de Descartes , celui - ci n'est
point jaloux de Corneille , ils aspirent à une
gloire différente. Mais les femmes n'ayant qu'un
même but , celui de plaire aux hommes , partout où une femme voit une femme , elle voit sa
rivale. Le seul remede qu'elles aient contre
l'envie , c'est d'aimer beaucoup leurs maris,
leurs enfans , leurs amans ; elles n'ont alors
d'ennemies que celles qui leur disputent les
cœurs qu'elles veulent posséder. Deux femmes
de ce caractere peuvent cesser de se craindre, et
s'aimer.

L'envie qui tourmente plusieurs femmes les
rend malignes et médisantes. Il y en a qui ont
bien

bien du regret de ne se permettre que la malignité et la médisance. Ah ! dit Mlle de l'Enclos, quel mal plus grand peut-on faire aux femmes que d'en médire ? Cela est vrai, dit Bernier, leur bonheur est plus dépendant de l'opinion que le nôtre. Il ne suffit pas qu'une femme soit sage, il faut qu'elle passe pour l'être : son existence tient plus à sa réputation qu'à la pureté de ses mœurs. L'honneur de l'homme est en lui, celui de la femme est dans les autres ; l'homme est presque toujours le maître de faire cesser la calomnie ; la femme accusée d'accorder à ses amis les faveurs de l'amour, ne sait comment s'en justifier.

Ce prix que nous sommes forcés d'attacher à l'opinion, dit Mlle de l'Enclos, n'est-il pas en partie la cause de notre penchant à la vanité ? Il peut l'augmenter, dit Bernier, mais en général, la vanité est l'orgueil des foibles ; elle se fait valoir par toutes les qualitées bonnes ou mauvaises, grandes ou minutieuses ; elle fait plus : elle prétend obtenir votre estime, votre respect même, par des avantages qui lui sont étrangers, comme les richesses, le faste, les liaisons, etc.

C'est bien là, dit Mlle de l'Enclos, l'idée que j'ai de la vanité : la petite Isménie en est l'em-

blême, comme Vénus est celui de la beauté ;
c'est la vanité dans sa perfection. Isménie a la
bouche petite, et la gorge fort jolie : avez-
vous remarqué avec quel art elle vous fait voir
sa gorge ? et comme elle est fiere que vous
l'ayez vue ? Quant à sa bouche, pour vous
avertir de la regarder, elle y tiendroit volontiers le doigt, comme Harpocrate, le dieu du
silence, si elle n'étoit pas pressée de vous faire
entendre qu'elle grassaie avec beaucoup de
grace, et quelle dit agréablement les lieux
communs les plus à la mode. Y-a-t-il une femme
qui parle, marche, respire avec autant de graces
qu'Isménie ? Tout ce qui est en elle n'est-il pas
parfait ? Tout ce qui lui appartient n'est-il pas
près de la perfection ? Y-a-t-il à la ville et à la
cour une femme qui évite aussi parfaitement
qu'Isménie le malheur d'être mise d'un air commun ? Ses gestes, l'accent de sa voix, son
maintien, sa démarche et sa conduite, tout
conspire à occuper d'elle. Et que dirons-nous
de sa passion pour les hommes célebres ? Peut-
elle sentir leur mérite ? non ; mais elle s'ac-
coste d'un homme illustre ou d'un homme en
place, comme elle porte des fleurs et des diamans, pour se faire regarder. Elle veut avoir
fait des conquêtes, elle veut en faire ; mais elle

est toujours comme Pyrrhus, prête à envahir, et ne sachant pas conserver. Elle veut paroître heureuse, et ne songe point à jouir ; elle n'envie aucun mérite, parce qu'elle méprise tous ceux qu'elle n'a pas. Si son ami reste en faveur, si Voiture et Sarrazin chantent son esprit et sa beauté, elle nous montrera jusques dans sa vieillesse des graces décrépites et des prétentions de tous les genres.

J'aime vos portraits, dit Bernier ; ils sont simples, et sans autre prétention que celle d'être ressemblans ; mais suivons votre sexe dans ses penchans et ses passions : il y a un de ces penchans que vous portez plus loin que nous, c'est le besoin de croire. La femme la plus instruite, comme la moins éclairée, se sent une extrême répugnance à douter ; et si le doute, comme le dit Aristote, est le commencement de toute sagesse, les femmes, sur l'article de la sagesse, n'en sont pas même au commencement. La crédulité est parmi nous le partage de ceux qui n'ont pas la force d'examiner, de méditer, de raisonner. Nous sommes convenus que cette force étoit plus rare dans votre sexe que dans le nôtre : la vivacité de votre imagination, et votre foiblesse impatiente vous font adopter facilement les faits et les opinions. Vous n'examinez guere plus un système de philosophie que des articles de foi; vous êtes de la secte de Zénon ou d'Epicure, comme vous êtes moliniste ou janséniste par passion, par une confiance aveugle dans votre époux, ou dans votre ami. La femme qui quitte la religion pour la philosophie, ne fait guere que changer de religion.

Cette crédulité augmente votre penchant à la superstition. En Chine, au Japon, les femmes sont de la secte d'Amida ou de Foé, tandis que les hommes se bornent à suivre la loi naturelle. Ce qui vous dispose encore à la superstition, à l'amour des puissances invisibles, c'est le besoin de chercher dans l'autre monde une protection qu'on ne vous accorde pas assez dans celui-ci, vous vous flattez de trouver dans le ciel cet appui que vous n'espérez pas sur la terre. De plus, souvent nos institutions gênent vos penchans, et ne les détruisent pas ; vous ne voyez en vous que la nécessité, et non la force de les combattre. Vous implorez sans cesse le secours des êtres imaginaires contre l'homme et contre vous-mêmes.

Votre superstition est fortifiée encore par cette habitude de craindre, qui est inséparable de votre situation. La pusillanimité est dans la plupart des femmes un état permanent; elles s'éveillent et se couchent avec la peur : l'ordre des saisons, le cours ordinaire de la nature, les phénomenes les plus communs semblent les menacer sans cesse. Elles craignent de la part de leurs amans, de leurs amis, de leurs enfans, l'ingratitude, les perfidies, l'indiscrétion. Il y a plus : c'est par crainte que beaucoup de femmes sont incapables de résister; la crainte de déplaire leur fait faire bien des fautes. Les femmes ennuyées, qui sont dans nos sociétés en grand nombre, entretiennent en elles le sentiment de la peur; il ranime l'idiote désœuvrée, qui s'environne de fantôme terribles. La dévotion les tourmente d'ordinaire plus qu'elle ne les console. La religion peut être pour elles un frein utile, mais leur dévotion est rarement une passion heureuse. Ah! dit Mlle de l'Enclos, elle leur donne de petites jouissances : c'est une consolation pour une dévote maussade de penser qu'un jour elle vivra dans un lieu où elle aura du plaisir et de la beauté, tandis que sa jeune et jolie voisine sera laide et damnée.

Je ferai encore, dit Bernier, une observation sur les effets de la crainte chez les femmes, c'est qu'elle ne les dispose pas autant que nous à la haine ; vous avez même du penchant à aimer beaucoup ce que vous craignez un peu. Vous sentez que l'homme qui peut vous nuire, peut vous servir ; les plaisirs que vous en attendez balancent les maux qu'il vous a faits. Lorsque vous êtes pénétrées du sentiment de nos bienfaits, un léger sentiment des maux qu'on pourrait vous faire, ajoute à l'activité de votre gratitude.

Vous ne nous donnez pas, dit Mlle de l'Enclos, un caractere fort noble ; et, en vérité, il y a des momens où je ne sais si vous nous laisserez quelques vertus.... Les plus grandes et les plus aimables, dit Bernier. Mais parlons un peu de votre disposition à la paresse : il vous faut moins de mouvement qu'à nous. Je ne vois pas même les femmes avoir recours aussi souvent que nous à ces mouvemens sans objet, qui sont si communs chez les hommes. Il vous faut des soins légers, et un travail qui exerce, sans efforts, vos membres délicats. Il semble que la nature nous ait chargés de pourvoir à votre nécessaire, et vous charge plus d'éviter l'ennui que le besoin. Pour peu que l'éducation d'une femme soit négligée, elle se livre volontiers à la mollesse et à l'incurie ; elle jouit de son oisiveté en attendant le plaisir. Mais, dit Mlle de l'Enclos, c'est alors qu'arrive l'ennui. Oui, dit Bernier, et l'humeur, qui est quelquefois d'une grande ressource ; j'en ai vu des exemples frappans.

Lorsque j'arrivai à Surate, on n'y parloit que de deux filles qui avoient su tirer de l'humeur le plus grand parti possible : elles étaient encore très-jeunes lorqu'elles perdirent leurs parens. Une petite métairie, gouvernée avec prudence, suffisoit au nécessaire de leur vie. Heureusement que dans ces nécessités elles n'avaient pas compris des époux. Elles n'étaient ni belles, ni jolies, et jamais ni l'une ni l'autre ne reçut, de la part des hommes, quelques-uns de ces hommages qui donnent du moins quelque espérance de plaire. Elles vaquaient tristement et tranquillement aux soins de leur métairie ; mais ces soins uniformes ne remplissaient ni leurs ames, ni leur tems ; l'ennui les consumait ; elles perdoient insensiblement leur embonpoint et leurs forces. Peut-être même n'auraient-elles pas vécu le reste de l'année, sans un petit événement qui les tira de leur langueur. Mon pere, dit un jour Théhama, qui était la cadette, m'aimait bien tendrement ; ah ! s'il avait vécu, il m'aurait mariée. Après moi, sans doute, répondit Habbeck ; après moi, qui suis votre aînée. Mais , dit Théhama , il y a des cadettes que les parens préferent quelquefois aux aînées. Habbeck fut piquée de cette réponse ; il y avoit si longtems que son ame étoit engourdie , qu'elle se livra d'abord, de tout son cœur , aux premiers mouvemens de la colere : elle dit vivement quelques injures à Théhama , qui les reçut en y répondant avec la même vivacité. Les voilà toutes deux ranimées , les voilà tirées de ce sombre anéantissement où l'ennui les avoit plongées. Dés ce moment elles passerent agréablement leurs jours dans de petites contrariétées, de petites querelles, une certaine humeur , une certaine aigreur , qui leur faisaient toutes sortes de bien ; elles se portaient mieux ; elles s'aimaient davantage ; on assure même qu'elles riaient quelquefois. Cependant , au bout de trois ou quatre ans , elles devinrent moins sensibles à la contradiction. Il fallut, pour se réveiller, avoir recours à des injures plus piquantes, à des querelles plus sérieuses , leurs brouilleries allaient quelquefois jusqu'à la haine. Malheureusement elles n'avoient qu'une chambre, et ne pouvaient se séparer ; elles imaginerent d'élever une cloison de paille au milieu de la chambre ; elles pouvoient, de tems en tems , cesser de se voir ; elles se rapprochaient bientôt, et se reconcilioient sincerement. Quelquefois elles voilaient leur humeur pendant quelques jours, et alors elles se ménageaient les contrariétées les plus parfaites. C'est ainsi qu'elles vécurent long-tems. La cadette mourut la premiere ; sa sœur ne put lui survivre ; et toutes deux terminerent, dans un âge avancé, une vie aussi heureuse que pouvoit l'être celle de deux filles qui n'étaient ni riches ni jolies, et qui avaient toujours été sages.

Voilà une belle histoire, dit Mlle de l'Enclos. Elle sert, dit Bernier, à vous montrer les avantages de l'humeur ; elle a bien quelques inconvéniens, mais la femme qui aime ce qu'elle doit aimer, et qui fait ce qu'elle doit faire, n'est pas sujette à ce defaut. Quoi qu'il en soit, laissons-là l'humeur, et parlons des belles qualités de votre sexe ; parlons d'abord de celles qui le distinguent, et qui seules vous mériteraient notre culte et notre amour.

Nous avons déjà remarqué que vous étiez plus sensibles que nous à la pitié ; cet aimable penchant que la nature a donné aux êtres sensibles, et qui les conserve l'un par l'autre, elle vous l'a donné dans le degré le plus éminent. La pitié de l'homme est moins vive, elle se lasse promptement. Si l'être que nous voulons soulager s'abandonne aux cris ou aux plaintes, alors il nous impatiente, et en partageant sa douleur, nous lui savons mauvais gré du mal qui nous fait souffrir.

Votre pitié est plus indulgente, plus tendre et plus continue ; capable, comme la nôtre, d'un généreux essor, elle l'est aussi de soins persévérans et d'attentions assidues. J'ai vu des hôpitaux ; dans quelques-uns les malades sont servis par des hommes, et sont traités avec négligence, quelquefois même avec rudesse, dans d'autres, ils sont servis par des femmes, et sont traités avec une douceur, un zele, une délicatesse qu'on ne devrait attendre que de ses amis. Il se mêle à votre pitié un doux sentiment de bienveillance, un intérêt tendre qui n'accompagne la nôtre que bien rarement.

Un sentiment qui est en vous bien plus puissant que dans les hommes, c'est l'amour des enfans. J'ai connu peu de bons peres, et il n'y a rien de si rare qu'une mauvaise mere. Je ne connois point dans les êtres sensibles de passion qui soit à la fois plus forte, plus continue, plus active que celle d'une mere pour ses enfans. Au moment de leur naissance, tremblante et affaiblie par les douleurs qu'elle vient d'éprouver, elle sourit tendrement à l'auteur de ses maux ; elle le couvre de ses baisers, lorsqu'il *ressemble*, dit Plutarque, *à une créature fraîchement écorchée.*

Lorsqu'on ne vous a point aigries par de mauvais traitemens, lorsqu'on ne vous a point ennuyées à l'excès, lorsqu'on n'a point altéré chez vous la nature, il y a dans vos cœurs une vraie bonté, un desir général de contribuer au bonheur des êtres sensibles, une sorte d'amour qui veut plaire par des services agréables. S'il y a eu des Hélenes et des Cléopâtres qui ont mis en feu la Grece, l'Egypte et l'Asie, la société est semée de femmes qui en sont les liens. Elles moderent notre orgueil, elles nous attendrissent ; enfin, je le répete, elles font passer en nous une partie de leur douceur, de leur sensibilité, de leur bonté.

C'est ce mélange d'amour et de pitié, si commun dans votre sexe, qui vous rend si généreuses. Le besoin des autres devient quelquefois le premier de vos besoins. L'envie d'être utiles à ce que vous aimez, suspend en vous toute autre espece de desirs. Vous vous sacrifiez rarement ; il faut, pour faire le sacrifice de ses intérêts, une force et un courage, rares parmi nous, et plus encore dans votre sexe ; mais vous faites bien mieux, vous vous oubliez ; toutes vos attentions changent d'objets et ne vous regardent plus : vous aimez, vous détestez, vous espérez pour un autre ; vous vivez en lui, son ame devient votre ame.

Cet abandon de soi-même, dit Mlle de l'Enclos, est bien aussi noble que le sacrifice tranquille qui renonce, après de mûres délibérations, à ses intérêts. Il est surtout plus aimable, dit Bernier, mais il demande plus de sensibilité que de force. J'avoue, dit Mlle de l'Enclos, que j'ai toujours un peu de chagrin de voir que vous nous croyez incapables de tout ce qui demande de la force. Je vous crois capables, dit Bernier, des plus belles actions, des résolutions les plus courageuses. Pour en douter, il faudroit ignorer l'histoire, et surtout l'histoire ancienne. Ne pleurez pas, disait à ses parens une Lacédémonienne couchée auprès de son fils blessé et mourant ; ne pleurez pas, il étoit digne de son pere et de moi. Au Japon, les servantes même se donnent la mort pour le plus léger affront. Chez les Brames, des femmes qui quelquefois n'ont été que des épouses acariâtres, se brûlent avec joie à la mort de leurs époux. Au Congo, douze jeunes filles se disputent à qui se précipitera la premiere dans le tombeau du roi, où elles doivent être enfermées auprès de son cadavre. Je respecte, autant que je le dois, les

femmes de Caton, de Brutus et de Séneque ;
mais je préfere Ténésille à toutes ses femmes là.
Pausanias, qui ne s'échauffe guere, en parle dans
deux ou trois endroits avec beaucoup d'admi-
rntion.

Elle étoit d'Argos, elle étoit jeune, belle
et faisoit des vers qu'on chantoit dans toute
l'Argolide ; femme et poëte, jugez combien
elle étoit susceptible de plusieurs sortes d'enthousiasmes : les Argiens venaient de perdre
une bataille contre Cléomene, roi de Sparte.
Le reste de leur armée s'étoit retiré dans un bois
sacré, situé aux portes d'Argos ; les Spartiates
y mirent le feu, et leurs braves ennemis y furent
consumés. Argos restoit sans défenseurs, et
l'ennemi étoit à ses portes. Ténésille assemble
les femmes, les harangue, et les détermine à
sauver leur patrie. Elle fait sortir les esclaves,
elle enleve dans les temples toutes les armes
qu'elle peut y trouver, elle les fait prendre à
celles des femmes qui avaient la force de s'en
servir, et se rend à leur tête sur les remparts
de la ville, où elle combattit vaillamment ;
mais les Lacédémoniens s'étant apperçus qu'ils
n'avoient à faire qu'à des femmes, ne s'obsti-
nerent point à remporter la victoire et se reti-
rerent.

Ces vertus, ces actions sublimes de quelques femmes sont l'effet de l'enthousiasme social, l'effet des lois, des institutions, de l'opinion établie : on enflamme aisément leur imagination qui les transforme en héros. Il n'y a rien que l'exemple et l'éloquence ne puisse faire faire aux femmes ; elles feront par enthousiasme ce que les principes, le sentiment de leur force et le caractere font faire aux hommes.

Les femmes ont du goût pour la gloire et la passion d'occuper d'elles ceux qui les environnent ; ce desir de la réputation si commun chez les femmes de nos grandes sociétés, contribue beaucoup à leur donner de belles mœurs, c'est-à-dire, les qualités essentielles et les qualités aimables. Leur amour de la gloire ne peut les déterminer à de longs et pénibles travaux, auxquels elle ne pourraient se livrer sans fatiguer leurs faibles organes, mais peut leur faire faire les actions les plus grandes et les plus difficiles.

Je sens la vérité de tout cela, dit Mlle de l'Enclos, et depuis quelques momens je suis assez contente de vous. Hélas ! dit Bernier, cela ne durera pas, et je vais vous faire un terrible aveu. L'homme juste est bien rare, mais la femme juste est bien plus rare encore ; l'*in-*

justice les alleche, dit Montagne, en parlant de vous. Faites quelques réflexions sur la vivacité de votre imagination, sur la mobilité de vos ames, sur le nombre et l'impétuosité de vos fantaisies, sur la maniere dont vous êtes absorbées par vos passions ; et vous verrez que si par enthousiasme, par une lumiere extraordinaire ou par imitation, il vous arrive d'être justes, vous en contractez rarement l'habitude. Il y a chez les femmes, comme chez les hommes, des qualités qui subsistent rarement ensemble ; l'une exclut l'autre. Votre pitié, votre bienveillance nuisent souvent à votre justice ; quand vous n'êtes pas injustes pour votre propre intérêt, vous le devenez pour l'intérêt des autres. Dans une affaire, lorsque vous prenez un parti, ce n'est pas toujours celui de l'homme qui a raison, c'est celui de l'homme qui vous a touchées. Il faut convenir aussi que notre conduite ne vous dispose pas à la justice. Quand nous arrive-t-il de ne pas abuser de notre autorité sur vous ? Victimes du despotisme, est-ce à vous à aimer cet ordre, ces lois qui imposent la justice ? Vous ne pouvez aimer l'ordre général, s'il assure votre état, il vous soumet trop à nos volontés ; il nous est utile et nous l'aimons ; vous trouvez souvent qu'il vous gêne, et alors vous devez le haïr. De plus, le connoissez vous bien ? Quelques hommes éclairés ont l'idée de la constitution des états, des lois et des rapports que ces lois ont entre elles, avec les mœurs, le bien-être général, et les devoirs réciproques. Vous ne connaissez guere l'ordre et le désordre que dans les petites choses ; vous êtes sensibles au ridicule, vous donnez de l'importance à de petites fautes, vous êtes moins sensibles aux grandes qualités qui les expient ; vous en riez quelquefois. Il est vraisemblable que Xantippe se moquait souvent de Socrate, et qu'à Rome les Patriciennes faisaient de Caton des contes fort plaisans. Au reste, c'est à nous qu'il faut s'en prendre, si vous avez trop peu l'amour de la justice et de l'ordre, c'est encore nous qu'il faut accuser de votre indifférence pour la patrie.

Les esclaves n'ont point de patrie ; elle est pour eux, le domaine de leur maître. Les sujets des rois n'ont que médiocrement l'amour de la patrie, quand même ils ont la plus libre disposition de leurs personnes et de leurs propriétés. Il y a une cause qui affaiblit souvent dans ces peuples, les sentimens de citoyen ; c'est qu'ils n'ont point de part au gouvernement. Ce qui occupe notre esprit, ce qui exerce notre ame,

nous

nous devient cher ; les objets de nos soins nous deviennent précieux, et ce qui ne nous occupe pas, nous est presque indifférent. Les sujets d'un petit canton Suisse qui ont tous part à la confection des lois, et veillent sur l'administration, sont amoureux de leurs lois et de leur pays ; ils sont sans cesse inquiets sur le sort de cette contrée, où ils vivent libres et où ils veillent sur leur liberté.

A moins que l'ennemi, le feu et le fer à la main, ne ravage une monarchie ou un grand empire, les citoyens de ces pays sentent rarement le vif intérêt pour la patrie.

L'histoire de ces peuples est celle des femmes. Il y en a beaucoup qui craindraient moins le désordre dans l'état que dans leur coëffure ; lorsque leurs propriétés, leurs enfans et leur vie sont en danger, elles sont citoyennes ; n'ont-elles à craindre que pour la puissance et la gloire de l'état, elles restent assez indifférentes ; elles sont même souvent, sans se l'avouer, du parti de l'ennemi vainqueur. Les Péruviennes et les Mexicaines couraient au-devant des Espagnols, qui apportaient à leurs époux la mort ou des fers. Il est bien simple que ce sexe opprimé goûte quelquefois le plaisir de voir humilier ses oppresseurs.

Tome I. Q

Il y a eu des institutions qui pouvaient inspirer aux femmes l'amour de la patrie. Les Lacédémoniennes étaient même plus citoyennes que meres. Démétria tua son fils qui dans une bataille ne s'était pas conduit en Spartiate ; celui qui seul s'était sauvé des Thermopiles eut la tête cassée d'un vase que lui jeta sa mere ; une autre apprend que la mort de son fils a donné la victoire à Sparte ; elle s'écrie en donnant des marques de joie : *C'était mon fils !* Les Argiennes, les Phocéennes, les Romaines ont montré le plus grand amour pour la patrie. Les femmes auront, je crois, cette noble passion, partout où des maris pleins de courage et de vertu les traiteront avec bonté et avec justice.

Ces dernières réflexions, dit Mlle de l'Enclos, me réconcilient un peu avec votre philosophie. Je voudrais à présent que vous me dissiez si les femmes sont aussi heureuses que les hommes. Je suis obligé de vous quitter, dit Bernier ; je suis même obligé de faire un voyage qui m'éloignera de vous quelque tems ; mais si vous le permettez, je vous écrirai ce que je pense sur le bonheur des femmes.

Lettre de Bernier à Mlle de l'Enclos.

Je n'ai pas eu besoin de méditer beaucoup, Mademoiselle, pour vous dire sur le bonheur des femmes tout ce qu'on peut en dire de plus raisonnable. Mes réflexions ont été tristes, il faut l'avouer; la nature n'a pas été pour votre sexe une mere aussi tendre qu'elle l'a été pour le nôtre. J'ai voyagé, et je connais assez bien la plus grande partie du globe; j'ai vu que pour le plus grand nombre des hommes, la somme des biens excédait celle des maux; et si elle ne l'excède pas davantage, c'est aux abus des différens cultes et des différens gouvernemens qu'il faut s'en prendre. Sous le ciel pur de l'Inde, sur une terre couverte de fruits et de fleurs, au pied des montagnes pleines d'or, de rubis et de diamans, j'ai vu, j'en conviens, le plus grand nombre des hommes dans l'indigence; j'entendais le chant des oiseaux et les cris de joie des animaux heureux, et ils étaient interrompus par les plaintes de l'homme misérable : mais j'ai vu en même tems que c'était à l'homme qu'il devait la plupart de ses maux.

Dans presque tous les pays, la terre fait naître ce qui est nécessaire aux besoins de l'homme, et presque partout son travail peut lui donner au-delà de sa subsistance : le grand nombre n'est donc pas privé des délices de la vie ; mais quand le sort de l'homme est à plaindre, celui de la femme l'est encore davantage.

Vous êtes sujettes à des infirmités que nous n'avons pas ; le nombre de vos maux physiques excède le nombre des nôtres. Le premier fruit du plus grand des plaisirs est pour la femme une maladie de neuf mois qui met souvent ses jours en danger ; c'est en risquant de perdre la vie qu'elle la donne à un fils, qui peut-être un jour n'ayant pas à la craindre, ne fera que la mépriser.

La nature a bien d'autres torts avec les femmes : elle a mis cet être faible à côté d'un être fort ; c'est l'avoir mis dans la dépendance. Incapable de se défendre elle-même, entraînée vers l'homme par le soin de sa conservation et par le besoin du plaisir, il faut que pour exciter ou pour connaître la jouissance, la femme se jette dans les fers. Si elle voulait résister à l'homme, il la subjuguerait, elle n'en serait pas moins son esclave, et c'est ce qu'elle est dans la plus grande partie de la terre.

L'homme voit d'un œil de propriété presque tout ce qui l'environne : êtres animés, êtres inanimés, il n'y en a aucun sur lequel il ne veuille étendre ses droits ; ceux qui ont une intelligence et une volonté, quelque droit qu'ils aient de jouir comme lui de la liberté, il les soumet ; c'est peu, il se les approprie, parce que leur intelligence viendra au secours de son intelligence, parce que leur volonté sera déterminée à servir sa volonté. Il croit que les animaux peuvent lui appartenir comme les fruits de son champ, ou les meubles de sa maison ; il croit que la femme peut être à lui comme les animaux. Il vous tient donc dans l'esclavage, et vous savez combien l'esclavage déplaît à tous les êtres qui ont une volonté. Ceux qui semblent s'y soumettre de bonne grace, ne font que consentir à supporter un certain nombre de maux pour en éviter de plus grands, ou pour jouir d'un certain nombre de biens. Plusieurs souffrent sans murmurer, mais il en est peu à qui l'habitude ait appris à porter leurs chaînes sans en sentir le poids.

Comment en effet nous assurer de quelque tranquillité dans nos jouissances, si nous n'avons pas la libre disposition de nous-mêmes ? S'il ne nous est pas permis d'employer comme il nous convient, notre tems, nos organes et notre intelligence ? Le bonheur de l'homme est en lui , dépend de lui ; et le bonheur de la femme dépend moins d'elle que du maître que la nature lui a donné.

Il ne faut pas juger du sort des femmes par celui qu'elles ont chez quelques nations policées. Parcourez le globe entier ; il n'y a point de peuple sauvage qui ne les traite avec barbarie. Chez les Iroquois , elles vont quelquefois chercher à cinquante lieues le gibier que leurs maris ont tué , et quelques-unes expirent sous le fardeau qu'elles veulent apporter. Chez les peuples qui habitent les bords de l'Orénoque , les mères entraînées par l'amour maternel et par la pitié , noient autant qu'elles le peuvent leurs petitesfilles , pour lesquelles elles ne prévoient que le malheur. Chez les Esquimaux , les hommes dédaignent de se servir d'un vase ou d'un ustensile dont une femme a fait usage. Les Caraïbes ont deux langues : il n'est pas permis aux femmes d'apprendre l'idiôme dans lequel les hommes parlent de leurs affaires ; ils leur font part de leurs ordres , et jamais de leurs projets ; ils leur commandent et ne les consultent pas ; ils voudraient les abrutir dans l'espérance de les rendre plus dociles ; ils les chargent de tous les travaux d'une agriculture que l'industrie n'a point encore rendue facile. Elles ont à supporter la tâche qu'on leur impose, et l'oisiveté de leurs époux. Les Africains même que dévore la fièvre brûlante de l'amour, ne sont pour les femmes que des tyrans atroces ; l'Arabe errant dans ses déserts, surcharge de soins et de travaux l'épouse qui fait ses délices, et passe sa vie à l'opprimer et à la caresser.

Les femmes sont peut-être plus malheureuses encore dans les pays que j'appelle barbares, parce qu'ils ont peu de lumières et de mauvaises lois. Voyez la Turquie, la Perse, le Mogol, les îles de la Sonde, etc., les femmes n'y sont pour les grands et pour les riches que les vils instrumens de leurs plaisirs. Victimes du goût qu'elles ont fait naître, elles sont pour les hommes la plus précieuse de leurs propriétés, et celle par conséquent qu'ils veulent rendre plus exclusive. Cette jalousie qu'augmente encore le point d'honneur et la religion, n'a point de bornes chez la plupart des Orientaux ; il n'est permis à personne d'entrevoir leurs épouses, les regards étrangers les déshonorent, les yeux même de leurs parens n'osent se fixer sur elles ; elles n'ont de commerce qu'avec quelques esclaves de leur sexe, et ce commerce est encore observé d'un œil jaloux. Les inquiétudes, les tracasseries, le chagrin habitent ces harems où

des beautés sans nombre vivent dans la captivité
pour amuser un tyran barbare, qui est puni de
son orgueil, puisqu'il ne connaît pas la perfection des plaisirs.

Pour savoir à quel degré les femmes sont
malheureuses dans ces contrées, voyez combien
on y gêne tous leurs penchans. La variété des
sensations réveille rarement en elles le sentiment
de leur existence ; nulles occupations variées ,
applaudies , utiles , ne leur donnent une idée
avantageuse d'elles-mêmes. Combien n'est pas
borné leur desir de plaire ? Sans espoir de
louanges et presque d'estime, peuvent-elles être
actives et acquérir de l'esprit et des talens ? Hélas !
que pourraient-elles en faire ? Chez quelle femme
du sérail, le sens de l'amour et les besoins du
cœur ont-ils été satisfaits ? Leurs sens s'émous-
sent après les avoir tourmentées ; leur esprit
reste sans fonctions , l'ennui qui les engourdit
éteint leur ame, et leur triste vie a peu de durée.
Leurs enfans né sont pour elles qu'une consolation d'un moment, elles perdent leurs filles
avant qu'elles aient atteint l'âge de la puberté,
elles vont s'enfermer dans d'autres harems, où
leurs meres osent rarement les visiter ; leurs fils
leur sont enlevés plutôt encore, elle ne les
revoient que rarement, et ils ne peuvent con-

server beaucoup de tendresse pour une mere qu'ils ont à peine connue.

Les Persans sont convaincus que les femmes n'ont pas une autre destination que de nous donner le plaisir physique de l'amour , et de perpétuer notre espece. Ils ne supposent pas qu'on puisse en faire des êtres raisonnables, ils rendent leur captivité assez douce, et ils n'ont point pour elles la férocité de plusieurs peuples. C'est même chez eux une opinion établie, que si le sang d'une femme est répandu, l'empire est menacé de quelque malheur.

A la Chine et chez les Orientaux , plus policés que ceux dont je viens de parler, les femmes sont plutôt recluses que captives. On pense mieux de leur raison , et on la cultive ; on les charge des soins domestiques qui les occupent et les amusent ; elles jouissent du respect que leurs enfans ont pour elles. La loi et la religion qui imposent ce respect , prescrivent en même tems à leurs époux de les traiter avec de grands égards. Ils ne pourraient, sans brutalité , humilier une compagne qui doit partager avec eux les hommages de leur famille.

Dans nos pays éclairés , où les lois et les

connaissances ont rendu les hommes plus justes et plus aimables, elles ne le sont pas toujours assez pour leurs épouses. Je le répète, ce ne sont pas toujours nos intérêts du moment, l'amour du plaisir, la crainte de la douleur, qui rendent l'homme dur et injuste pour les êtres qui dépendent de lui, c'est le besoin de leur arracher l'aveu de ses forces, de sa puissance ; nous voulons obtenir d'eux fréquemment cet aveu, surtout s'ils ont le pouvoir de le disputer. Nous exerçons nos forces pour les exercer, et l'emploi que nous en faisons, lorsqu'il n'est pas un travail utile, ou quelque action inspirée par la vertu, est presque toujours tyrannique et barbare.

L'homme qui soupçonne sa faiblesse, ou qui sent le vide de son ame, pour retrouver sa sensibilité, ou le sentiment de sa force, peut se livrer à la colère, à l'humeur, à la contradiction. Combien d'hommes querellent leurs femmes, parce qu'ils n'ont rien à dire, et les contrarient, parce qu'ils n'ont rien à faire. Les enfans d'un chef de famille, assez bon homme, mais fort désœuvré et plein d'humeur, lui représentaient un jour qu'il grondait un peu trop sa femme et ses enfans. Eh ! voulez-vous, dit il, que j'aille gronder mes voisins ? Il n'y a qu'une raison supérieure, l'habitude de la justice et le besoin d'aimer, qui puissent arrêter le plus fort, toujours prêt d'opprimer le plus foible.

Si la femme est, en général, inférieure à l'homme par les facultés de l'esprit, combien d'hommes ne s'exagèrent-ils pas leur supériorité? Combien de maris, dont la raison n'est pas cultivée, ne traitent-ils pas comme des enfans ou des esclaves des femmes plus raisonnables qu'eux. Je conviens qu'il y a peu de femmes dont la conduite, toujours égale et sage, n'ait pas fait sentir à leurs maris qu'elles avaient quelquefois besoin de guides.

Souvenons-nous que le chef-d'œuvre de la raison perfectionnée, que le véritable fondement d'une bonne conduite et d'une vie tranquille, est la puissance sur soi-même; n'oublions pas que cette puissance ne peut s'acquérir que difficilement chez un sexe dont les organes sont délicats, les sentimens extrêmes, l'imagination vive et l'ame très-mobile. La disposition des femmes à oublier, dans un moment de passion, de fantaisie ou d'illusions, les peines auxquelles elles s'exposent, les rend bien plus sujettes que nous à se préparer des malheurs; et très-indépendamment de notre tyrannie et de nos institutions , elles ont moins de moyens que nous de prolonger leur bien-être.

Dans un âge un peu avancé, lorsqu'elles ne pensent plus à régner par le pouvoir de leurs charmes ; que les plaisirs, les songes de l'amour n'irritent plus leur imagination ; que tous leurs goûts sont calmés , elles cultivent alors leur raison, et ce n'est pas sans succès.

Dans l'éducation qu'elles reçoivent de nous, on ne songe pas assez à prévenir leurs erreurs, à les munir contre leur faiblesse ; on ne leur apprend pas assez à se connaître elles-mêmes ; nous enrichissons, et nous ne formons pas assez leur entendement. Hélas ! ce n'est que d'hier que nous avons appris un peu à former celui de l'homme. Hâtons-nous d'éclairer les deux sexes sur les facultés de l'ame et sur la manière d'en faire usage.

Qu'on songe à montrer aux femmes à douter, à discuter sans s'écarter de la question, à cher-cher, à se démontrer ce qu'il faut croire, et leur cœur ne décidera plus si souvent de leurs opinions.

Elles sont plus que nous esclaves de l'habitude : elle modifie le caractère de l'homme, elle crée celui des femmes. Il est des habitudes utiles qu'elles doivent conserver toute leur vie : prenons garde que l'ennui n'accompagne pas ses habitudes , rendons-les chères en y attachant l'amusement et le plaisir ; qu'à mesure qu'elles font des progrès dans les vertus qui leur conviennent , elles sentent augmenter en elles le plaisir d'aimer et d'être aimées ; que l'imagination, qui égare si souvent leur raison et la nôtre, leur présente souvent les tableaux du bonheur attaché à la vertu.

C'est surtout à leur sexe que la religion peut être utile ; la religion peut exalter et même créer dans les femmes les plus belles qualités ; elle peut servir encore à leur consolation , et toujours elles auront besoin d'être consolées ; mais il faudrait que les religions fussent données par la philosophie.

Il y a même des superstitions que je laisserais au grand nombre des hommes , et plus encore à celui des femmes. Je ne leur interdirais pas le culte de quelques divinités subalternes qui leur présenteraient des modeles , et leur promettraient une protection. C'est une belle idée chez les anciens d'avoir personnifiée et divinisé les vertus, les talens , les qualités aimables ; cette superstition, bien dirigée , aurait pu avoir sur les mœurs la plus heureuse influence. Les femmes , très-susceptibles d'imitation , devaient imiter ces modeles ; que l'exemple de notre attachement aux vertus prescrites à notre sexe , animent celles que nous leur demandons. Nous avons une récompense qu'elles ne peuvent guere attendre : les actions estimables des hommes sont connues , les paisibles vertus des femmes sont ignorées ; leurs faiblesses sont punies par le mépris, et la résistance aux sollicitations empressées d'un amant, ces refus séveres , qui ont tant coûté, sont ignorés et doivent l'être. La bonne conduite des femmes ne leur assure guere que l'estime d'un petit nombre , et de nobles privations. Ces considérations , et plusieurs autres dont j'ai parlé , doivent nous donner bien de l'indulgence pour leurs faiblesse , et bien du respect pour leurs excellentes qualités.

L'institution de la chevalerie les a rendues long-tems aussi heureuses qu'elles peuvent prétendre à l'être ; c'est alors qu'elles ont été révérées , adorées. C'était pour mériter les marques authentiques de l'estime et de l'amitié d'une femme, que l'aimable et intrépide chevalier cultivait toutes les vertus qui rendent la société respectable et en font les délices. Je ne prétends pas dire que ces chevaliers , si dévoués à votre sexe , n'en obtenaient pas d'autres récompenses que la permission de porter certaines couleurs, de baiser le bas d'une robe, et de recevoir les louanges de l'objet aimé.

Il y avait une supposition établie, dont les effets étaient excellens : il était universellement reçu que dans l'intimité d'une belle et d'un héros, il n'était pas question des dernieres faveurs ; l'admiration mutuelle était censée leur principale jouissance ; on était persuadé que des conseils, pour se rendre plus vertueux, l'exercice de quelques talens, pour se rendre plus aimables, étaient l'emploi de leurs longs tête-à-tête. Il fallait beaucoup d'indiscrétion et d'étourderie pour faire accuser la dame et le chevalier de quelques privautés ; les plaisirs de l'ame semblaient être alors le seul but de l'amour.

Pour ne point détruire cette supposition, il fallait se voir moins librement, moins souvent; cette gêne avait pour les amans, comme à Sparte pour les jeunes époux, le mérite de retarder la satiété, et de ranimer les desirs. La nécessité de ne point démentir cette opinion simulée et souvent réelle dans un grand nombre de croyans, forçait les femmes à mettre de la prudence dans leurs faiblesses ; cette prudence leur inspirait du respect pour le public, pour leurs engagemens ; pour leurs devoirs , pour toutes les bienséances ; elles avaient des amans et des mœurs ; elles étaient adorées , amusées , heureuses. Telles étaient du moins les femmes des premieres classes de la société , et ces classes étaient du plus au moins imitées par les femmes des autres classes. J'ai vu, en parcourant l'Europe , des restes précieux de la chevalerie ; et partout où l'on en a conservé l'esprit , les femmes sont mieux traitées , plus heureuses , plus estimables que celles des autres pays. Là , vous en trouvez un grand nombre qui ont beaucoup d'esprit, de l'instruction et de la raison. Quand elles ont passé l'âge des égaremens , elles sont d'un commerce très - agréable pour tous les hommes qui pensent , qui ont des mœurs et qui cherchent l'amitié ; elles forment l'esprit, et plus encore le caractere des jeunes gens qui entrent dans le monde ; ils prennent chez elles l'habitude et la connaissance de la politesse éclairée , des bienséances véritables ; ils viennent y perdre ce que l'amour propre a d'égoïsme ; elles animent en eux les sentimens du véritable honneur ; enfin , elles leur apprennent les secrets si précieux de se faire aimer et d'être utiles.

Maintenons dans les deux sexes , autant que

nous

nous le pourrons, ce qui nous reste de l'esprit de chevalerie; consolons les femmes des maux auxquels la nature les a condamnées : associons-les à nos vertus, elles les rendront plus aimables; associons-les à notre bonheur, elles le rendront plus doux : restons leurs chefs, mais gardons-nous de penser que nous sommes leurs maîtres. Qu'une politesse attentive leur fasse oublier, dans les détails de la vie, qu'elles doivent être soumises. Nous n'avons sur elles aucun droit de propriété. Les citoyens des Etats de l'Europe ne sont point la propriété de leurs souverains; les femmes ne sont pas la propriété de leurs époux : ce sont deux êtres engagés à servir au bonheur l'un de l'autre. Toutes les lois ont mis l'autorité entre les mains de l'homme, mais est-il juste qu'il ne l'emploie pas au bonheur commun ? N'en faisons donc que cet usage : faisons mieux encore, rendons de jour en jour notre autorité moins nécessaire en cultivant la raison des femmes. S'il faut gêner leurs fantaisies, que ce ne soit point pour nous livrer aux nôtres; ne nous servons de notre empire que pour les préserver des fautes qui pourraient leur être funestes, et qu'alors même nos ordres soient précédés de leçons tendres et de conseils polis. Avant tout, songeons à occuper agréablement en elles ce penchant à la tendresse qui les rend si aimables, qui peut être leur consolation dans tous les maux, et qui seul pourrait nous faire douter si elles ont moins que nous les moyens de se rendre heureuses.

DE LA RAISON,

OU

PONTHIAMAS.

INTRODUCTION.

On a vu par l'analyse de l'homme et par celle de la femme, que leurs sens, leurs penchans, leurs passions, leurs facultés intellectuelles, servaient également à les rendre heureux ou malheureux.

Tant qu'ils n'ont que l'intelligence qu'il leur faut, pour satisfaire à leurs besoins du moment, ils sont exposés à se livrer à des jouissances passageres qui sont pour eux des sources de dissentions, de privations, de longs repentirs, enfin de douleurs ou physiques ou morales.

Tant qu'ils jouissent des plaisirs sans savoir en faire un choix, tant qu'ils évitent les douleurs sans savoir celles qu'il faut supporter, ils ne comparent ni ne balancent leurs espérances

R 2

et leurs craintes; ils ne savent ni différer un plaisir ni s'y refuser; ils ne se déterminent point à souffrir une privation utile, une douleur salutaire. Leur raison est très-bornée dans ses fonctions et dans ses moyens; à peine ont-ils une raison, ils manquent totalement de logique. Celle du sauvage ne consiste qu'en métaphores et en figures vives, qui lui tiennent lieu de discussion.

Lorsque l'homme, en passant de l'état sauvage à celui de barbarie ou de société perfectionnée, a augmenté le magasin de ses idées, lorsqu'il les combine et les enchaîne, il a une connaissance moins incertaine des biens qu'il doit poursuivre, des maux qu'il doit éviter, des sacrifices qu'il doit faire, des suites de ses actions, de leurs effets par rapport à lui et par rapport aux autres; enfin il a de la prévision, du raisonnement, et un peu de raison, c'est-à-dire de cette raison, que j'ai définie dans l'analyse de l'homme l'art de faire usage de nos facultés, pour parvenir à l'espece de bonheur auquel la nature et notre situation nous permettent de prétendre.

Mais cette raison est presque toujours égarée dès sa naissance; à peine la sagesse commence qu'elle se change en fausse sagesse. Les erreurs viennent avec les vérités, elles s'appuient sur des sophismes spécieux, elles ont de la méthode, elles s'arrangent en systêmes, et l'ignorance acquise devient plus difficile à corriger que l'ignorance naturelle.

Alors, pour rétablir la raison d'usage, ou pour en conserver quelques restes, il est nécessaire de cultiver et de fortifier cette raison philosophique dont j'ai dit un mot dans la même analyse de l'homme. C'est à ce moment qu'il importe et qu'il est possible d'apprendre à connaître les causes de nos erreurs et les moyens de nous en préserver : c'est alors qu'une bonne logique, une logique qu'on puisse entendre facilement et retenir sans effort, devient un des présens les plus utiles qu'on puisse faire aux hommes.

Nous en avons deux très-bonnes, mais qui me paraissent insuffisantes : l'une est celle de Condillac ; elle a paru depuis que j'ai fini le morceau qu'on va lire. Je n'y ai rien trouvé qui ait pu enrichir mon ouvrage ; elle ne m'a pas fait juger que je ne devais pas le publier. Condillac réduit l'art d'avancer et de fortifier la raison à l'usage de l'analyse. Il est sûr qu'en analysant toutes les propositions, toutes les définitions, on est moins exposé à faire et à conserver de faux jugemens. Mais cette vérité, connue de tous les disciples de Locke, est développée dans la logique de Condillac d'une maniere un peu abstraite, et la lecture n'en peut guere être utile au grand nombre des hommes. D'ailleurs, cette logique parle trop peu de l'influence des préjugés admis sur les opinions à recevoir, et de l'influence des passions sur nos analyses; c'est par-là surtout qu'elle est insuffisante.

L'autre logique estimable, et qui m'a été très-utile, c'est le petit *Traité de Locke, sur la conduite de l'esprit humain dans la recherche de la vérité.* Il n'y a presque aucune cause de nos erreurs que le sage Locke n'ait indiquée dans ce livre; mais il ne les a pas toujours assez développées : il ne les fait pas précéder d'une exposition assez claire de la maniere dont nous formons nos opinions; et s'il donne plusieurs moyens d'éviter l'erreur, il y en a d'excellens auxquels il n'a pas pensé.

J'ai cru, et cette opinion est peut-être bien téméraire, que je pouvais ajouter quelques vérités utiles à celles que mes maîtres m'ont enseignées, et que je voyais quelques nouveaux rapports entre des vérités depuis long-tems connues; j'ai pensé que, sans avoir le génie des grands hommes qui m'ont instruit, je pouvais aller un peu plus loin qu'eux. Il est possible que mon petit *Traité sur la maniere de former la raison*, soit inférieur aux deux ouvrages dont je viens de parler ; mais il est sûrement plus clair que l'un, et plus précis que l'autre. Je crois encore pouvoir assurer qu'il contient quelques idées nouvelles qui ne seront pas sans utilité. La forme que je lui ai donnée m'a permis d'entremêler mes abstractions de quelques tableaux, ou de les appuyer de quelques faits. C'est un moyen de délasser l'esprit, et de lui rendre les vérités métaphysiques moins rebutantes et plus sensibles. Cette logique, quelle qu'elle soit, sera sûrement plus utile que les logiques anciennes, dont Bâcon a dit qu'elles étaient des pieges tendus par l'esprit au bon sens.

J'ai commencé ma méthode de former la raison, par quelques préceptes sur la maniere de former le corps. Platon, Locke, Plutarque, quelques voyageurs, quelques médecins, m'ont fourni la plupart de mes préceptes. Si quelques-uns de mes lecteurs sont étonnés de voir commencer de cette maniere une sorte de logique, je leur dirai qu'il y avait dans Athenes un temple consacré à Minerve Hygiene, et que chez les Egyptiens, chez les Gymnosophistes, chez les Mages, dans plusieurs écoles de la Grece, on a pensé que l'art de fortifier le corps, celui d'entretenir la santé, l'art de choisir des alimens et des exercices, contribuaient à rendre l'esprit facile, actif et laborieux.

DE LA RAISON,

O U

PONTHIAMAS.

Vers le 7me degré au nord de l'équateur, sur la côte voisine des peuples esclaves de Siam, et de la nation dissolue des Tonquinois, on trouve un petit pays nommé Ponthiamas ; il n'est guere connu que de M. Poivre, qui a voyagé en philosophe autour de l'Afrique et de l'Asie , et qui nous a laissé une description très-agréable de ce petit coin de la terre.

Les habitans ont une agriculture florissante, un commerce étendu , de l'activité, de la sagesse, des mœurs douces et pures, et beaucoup de plaisirs : ils sont toujours en paix avec leurs voisins , la paix regne entre eux et même dans les ménages ; hommes , femmes , vieillards , personne n'y abandonne jamais ce juste milieu, si recommandé par Epicure, et plus encore par Confucius ; enfin ils sont parfaitement heureux, parfaitement raisonnables. *C'est un beau pays que Ponthiamas.*

Ce qu'il y a de plus extraordinaire, c'est que

ce peuple n'a pas de lois : il n'a pris des Chinois, dont il tire son origine, que leur morale et leur industrie ; il doit à quelques européans l'art de fortifier les places et de les défendre ; il ne doit le reste qu'à la sagesse des premiers hommes qui l'ont conduit.

Lorsque je lus la description des mœurs et de la situation de ce peuple, je fus dans l'état où se trouverait un jeune homme, depuis long-tems ambitieux, mais sans moyens de parvenir aux grandes places, et qui serait un jour salué, à son réveil, roi de son pays ; il aurait d'abord de la peine à se croire bien éveillé, mais enfin rassuré sur la crainte de faire un songe, il se trouverait au comble de la félicité et se livrerait à la joie.

Je m'étais toujours flatté que les hommes pouvaient devenir plus raisonnables qu'ils ne le sont encore. Je m'étais quelquefois fait le tableau d'un peuple de sages ; c'était là une des chimeres de ma jeunesse, et M. Poivre a réalisé ma chimere. J'aime à lui en rendre publiquement mille actions de graces.

On a dit que les peuples seraient heureux s'ils étaient gouvernés par des philosophes ; il est plus sûr que les voyages seraient très-intéressans et très-instructifs, si les philosophes qui ont de l'imagination se donnaient la peine de voyager.

M. Poivre ne nous a pas dit comment le sage Kiang-Tsé, le fondateur de la colonie de Ponthiamas, s'y est pris pour rendre ses concitoyens raisonnables; on pourrait employer ses secrets dans un autre pays, et peu-à-peu la raison s'étendrait sur la terre. C'est bien, comme chacun sait, mon projet de l'étendre, et c'est dans ce dessein que j'ai cherché à connaître les moyens dont s'était servi le premier magistrat de Ponthiamas. Au défaut des mémoires de M. Poivre, voici ceux dont j'ai fait usage.

Kiang-Tsé était d'une nation qui n'est pas toujours aussi sage que le prétend le journal des *Ephémérides*, mais dans laquelle se trouve un grand nombre de sages, plus instruits que les nôtres dans la véritable science, c'est-à-dire celle du bonheur.

Dans le tems de la derniere révolution de la Chine, le mandarin Kiang-Tsé ne pouvant supporter le joug des Tartares, résolut de se transporter et de s'établir loin de sa patrie; il communiqua son dessein à plusieurs mandarins de différentes classes, mais surtout de celles des laboureurs : la plupart lui proposerent de l'accompagner. Un négociant qui depuis long-tems faisait le commerce dans toute l'Asie, leur parla d'un canton abandonné, sur les côtes de Siam; la terre y était fertile, l'air sain, et les ports excellens. Nos Chinois prirent sur le champ la résolution d'y aller fonder une colonie; ils prierent Kiang-Tsé de vouloir bien être leur chef, il y consentit, à condition qu'il prendrait toujours les conseils de Chin-Vang et de Tsou-chou, deux jeunes mandarins très-estimés. Ils choisirent encore quelques Chinois dont les bonzes n'avaient point corrompu la raison, et qui même avaient su rejeter des livres de Confucius, la *Divination*, le *Chi* et le *Poé*. Bien pourvus de tout ce qui leur était nécessaire, tous mirent à la voile, et arriverent en peu de tems à la rade de Ponthiamas.

Ils construisirent d'abord quelques forteresses : les ouvriers et les négocians bâtirent une ville à l'embouchure d'une riviere, les laboureurs bâtirent des villages sur ses bords. Ils vécurent plusieurs années, riches des vrais biens, et même des commodités de la vie; tranquilles, s'aidant les uns les autres, sans différends, sans vices, et à-peu-près aussi heureux qu'il est permis à l'homme de l'être.

Ils firent beaucoup d'enfans, auxquels ils donnerent l'éducation de la Chine; ces enfans se marierent ; les uns agrandirent la ville, d'autres augmenterent le nombre des villages, et cet accroissement de la colonie n'en changea point les mœurs.

Il y avait plus de cinquante ans qu'elle s'était formée et qu'elle prospérait, lorsque le sage Kiang-Tsé voulut assembler ses concitoyens. Il leur donna rendez-vous dans une belle prairie semée de grands arbres, coupée de ruisseaux et entourée de forêts ; ils s'y rendirent au jour marqué, et Kiang-Tsé leur parla ainsi.

Vous m'avez chargé du soin de veiller à vos intérêts et à votre défense, vous avez eu de la confiance dans la droiture de mon cœur, et j'ai fait mes efforts pour y répondre ; j'ai veillé sur vous, sans vous gouverner : votre raison a rendu la mienne inutile. Je me suis dit : comment les sages de Ponthiamas, dont l'ame est grande, dont l'esprit est profond, pouvaient-ils jeter les yeux sur Kiang-Tsé, qui s'observe sans cesse, et trouve toujours en lui des défauts à corriger ? C'est que vous l'avez trouvé docile à vos conseils, et sincere dans ceux que vous avez reçus de lui : il conserve les mêmes dispositions ; l'âge n'a point glacé dans son cœur cet amour qu'il a toujours eu pour vous, et il ne lui a point ôté cette raison qu'il a toujours cultivée avec vous.

Il a médité sur votre situation présente, elle est la plus heureuse de la terre; mais le tems qui sans cesse détruit ou perfectionne, la menace de changemens. Nous sommes sans lois et sans maîtres, et jusqu'à présent nous n'avons pas senti le besoin d'en avoir, parce que nous avons été éclairés par la raison. Nous n'avons pas eu besoin d'un pouvoir pour réprimer nos passions, parce que nous avons toujours eu devant les yeux les mœurs sublimes de nos ancêtres. Vos leçons, votre amour et vos exemples ont rendu vos femmes raisonnables et dociles. Vous avez joui dans la paix et dans l'abondance, du plaisir de voir croître sous vos yeux, une postérité qui vous imite et vous honore. De nouveaux mariages donnent un nouveau peuple à cette colonie. Mon cœur se réjouit lorsque je la vois devenir puissante, mais quelquefois mon cœur s'afflige lorsque je me rappelle que les grands peuples n'ont presque jamais suivi les ordres célestes de la raison. Les concitoyens d'un état naissant sont des freres qui se consultent mutuellement; ceux d'un grand état sont presque étrangers les uns aux autres : le vice s'y cache dans la foule, et la folie se fait suivre. Tant que notre ancienne patrie a été divisée en petites sociétés séparées, les chefs n'ont été, comme je suis,

que les amis du peuple, leurs lois n'ont été
que des conseils de peres; mais lorsque ces
petites sociétés se sont confondues dans un
empire immense, les hommes ont commencé
à séparer l'amour qu'ils avaient pour eux-mêmes
de la bienveillance universelle; ils ont mis à la
place de la raison l'art du sophisme, par lequel
l'homme se justifie ses passions : les chefs se sont
égarés, et ils ont égaré les peuples.

Ces malheurs qu'ils ont éprouvés, nous avons
à les craindre, et nous devons nous occuper du
soin de les prévenir. Avant le grand terme et
la formation des êtres, dit Vang-Chin, il
existait une raison universelle et inépuisable
qu'aucune image ne peut représenter, qu'aucun
mot ne peut exprimer, et à laquelle on ne peut
rien ajouter. Ce serait en suivant les conseils
de cette raison éternelle que l'homme pourrait
se perfectionner; elle lui parlerait sans cesse,
s'il daignait l'écouter; c'est elle qui dictait les
maximes que nos premiers ancêtres ont suivies.

Tsou-Chou, Chin-Vang et moi nous avons
pensé souvent que si les sociétés avaient en elles
de nouvelles causes de corruption et d'erreur à
mesure qu'elles devenaient plus nombreuses,
elles avaient aussi des moyens nouveaux de
trouver la vérité. Il devient nécessaire que les

hommes s'éclairent à mesure qu'ils augmentent en nombre, mais alors il leur est plus facile de s'éclairer. Nous avons cherché dans l'histoire par quels moyens un grand peuple pouvait acquérir des lumieres et conserver sa raison et ses mœurs. Nous avons cherché quels moyens, quels principes, quelles nouvelles regles de conduite pourraient tenir lieu de lois au peuple, et enfin lorsque les lois lui seraient nécessaires, comment il se rendrait capable de se donner de bonnes lois.

Quel que soit notre zele, et quelles que soient les profondes connaissances de Chin-Vang et de Tsou-Chou, nous ne nous flattons pas d'avoir vu toutes les vérités qui peuvent augmenter en vous la sagesse; nous ne sommes pas sûrs d'avoir toujours vu la vérité, mais nous le sommes de l'avoir cherchée avec toute l'ardeur, la patience et la suite dont nous sommes capables. Nous avons exposé nos pensées dans de petits écrits que nous nous proposons de vous lire; s'ils méritent votre estime, vous en prendrez des copies, vous y ferez les changemens que vous jugerez convenables, et nous les approuverons; si ces petits écrits ont votre suffrage, vous conserverez du moins votre bienveillance à leurs auteurs. Ils ont voulu que les pensées de leur

vieillesse

vieillesse pussent servir encore au bonheur de leurs freres.

C'est moi, c'est Kiang-Tsé, qui a composé le premier des écrits que nous devons vous lire : dites-moi quel jour vous voudrez prêter attention à celui qui vous aime, et qui vient plutôt vous proposer les doutes d'un disciple, que vous présenter les leçons d'un pere.

L'assemblée des citoyens de Ponthiamas détermina que dans trois jours, on pourrait entendre Kiang-Tsé. Au jour prescrit, à l'heure indiquée, ils revinrent au même lieu, ils se placerent comme il le falloit pour bien entendre, et Kiang-Tsé, sur un siege élevé au milieu d'eux, lut le discours suivant.

Discours de Kiang-Tsé.

Mes chers amis, j'ai vu dans le grand empire dont l'étranger nous a bannis, des hommes que l'éducation, prescrite par nos ancêtres, avait rendus amis de la raison, mais qui n'avoient pas toujours la force d'en suivre les conseils. Dès l'âge de trois ans, on leur enseignoit la science des mœurs et celle des manieres : il n'y a sans doute aucun tems de la vie où l'ame ne demande de la culture ; mais est-ce d'abord par une suite de préceptes qu'il faut songer à l'instruire? Le sage Tsou-Chou vous démontrera dans quelques jours que c'est de l'expérience et du tems que vous devez attendre l'instruction de vos enfans. Et moi, je vous dis, que vous contrariez la nature en leur donnant une éducation sédentaire et occupée. Il n'y a rien de si sage qu'un jeune chinois; mais il devient rarement un homme robuste; on a réglé son ame, et on a négligé son corps; on a trop exercé son cerveau, et trop peu ses jambes et ses bras, le corps est resté débile, et peut-être a-t-on affaibli le cerveau.

Respectables citoyens de Ponthiamas, j'ai vécu long-tems, et toute ma vie, j'ai fait l'étude de mes freres; j'ai vu qu'un peuple raisonnable devait être composé d'hommes sains, robustes, et laborieux.

Rien n'égale en sagesse, en décence et en beauté vos chastes épouses; elles sont soumises à l'ordre établi et à l'époux qu'elles aiment, elles ont la raison qui suffit aux fonctions auxquelles nous les avons destinées; mais cette raison est-elle égale à celle de leurs époux? Leur cerveau n'est pas plus fait pour la contention d'esprit, que leurs membre pour nos travaux. A la faiblesse du corps tient la mobilité de l'ame, elle ne sait point résister à la multitude d'impressions vives et momentanées dont elle est susceptible: elle ne sait point écarter le sentiment soudain qui vient interrompre ceux auxquels elle devrait se livrer. L'homme faible ne sent point en lui les ressources et les moyens qui lui sont nécessaires pour assurer sa conservation ou son bonheur. Il est en proie à la crainte, celle de nos passions qui corrompt plus le jugement; il renonce aux opinions vraies, par surprise, par enchantement, par violence; souvent la paresse, le chagrin l'obligent ou l'empêchent de changer d'opinion. Voulez-vous donner à vos enfans un jugement sain, une intelligence facile, la force du raisonnement? Commencez par les rendre sains, robustes et laborieux.

La pureté du sang et la source abondante de vie qui sont dans les peres, contribuent à donner aux enfans, la force et la santé. Citoyens époux, n'approchez de vos chastes épouses qu'au moment où la nature vous y appelle d'une voix qu'il est impossible de ne pas entendre.

Votre femme a-t-elle conçu? Imitez la conduite de nos voisins les Gangarides; dès qu'on soupçonne chez eux qu'une femme doit être mere, on lui envoie un Brame qui l'instruit de la maniere dont elle doit se conduire dans le tems de sa gestation. Ce Brame lui recommande la frugalité, le choix des alimens sains, et un travail facile mêlé d'amusemens; il recommande à son époux de lui éviter les soins pénibles, l'inquiétude et les chagrins.

L'expérience qui apprend aux peuples à se rendre sages, leur apprend à se rendre sains: la maniere dont ils doivent s'y prendre peut varier selon les différens climats; mais il y a certaines règles, certains usages, qui peuvent convenir à toutes les contrées. Peuple de Ponthiamas, citoyens opulens qui jouissez dans la cité du fruit de vos richesses, des commodités de la vie, voulez-vous, sans peine et sans étude, trouver la maniere de rendre vos enfans sains, robustes et laborieux? Traitez-les dès le moment de leur naissance, comme les plus grossiers habitans des campagnes traitent leurs enfans. Allez chez le laboureur le moins instruit, et vous y trouverez un pere et une mere qui n'alterent point la constitution de leur fils et de leur fille par une instruction prématurée, par des excès de négligence, ou par des excès de tendresse; ils suivent la nature sans penser seulement à la consulter. Ils ajoutent peu à ses préceptes; des maximes d'éducation que je vais vous révéler, je dois les premieres à vos laboureurs; j'y ajouterai peu de chose de moi-même, et ce ne sera pas ce que j'aurai à vous dire de plus important.

Il faut avoir l'attention de bien choisir le lieu qu'habitent vos enfans, les vêtemens qui leur conviennent, les alimens qui leur sont propres, et l'emploi de leurs premieres années.

L'air libre et frais est un des premiers soutiens de la vie : que vos enfans respirent l'air des montagnes, des ruisseaux, des vergers, des prairies; qu'ils reçoivent par tous leurs sens, ces exhalaisons végétales qui portent la vie aux êtres animés; que les instans du sommeil et des repas soient presque les seuls qu'ils passent dans vos maisons.

Que les chambres qu'ils occupent aient quelque étendue; ne les renfermez pas dans un espace trop borné; l'air usé d'une chambre étroite qu'habitent plusieurs êtres animés, est plus malsain pour les enfans que l'air humide et froid des champs, ou l'air échauffé par les rayons du soleil; livrez-les à toutes les impressions de l'air extérieur; s'il pouvait n'être pas salubre pour eux, il faudrait leur faire braver ce danger, que ferait disparaître l'habitude. Souvenez-vous que l'homme qui ne sait pas supporter le froid et le chaud, la pluie et le vents, est à tout moment sans fonctions ou sans jouissances.

Peuples Malais, habitans des îles Célébes, dans votre enfance vous étiez exposés nuds aux feux de l'équateur, et dans l'âge mûr la chaleur n'énerve point vos ames; Tartares-Mantchoux, vos enfans presque nuds se jouent dans la neige et sur l'eau glacée, et c'est ainsi que vous avez préparé des maîtres à notre auguste empire.

Gardez-vous donc d'envelopper vos enfans de vêtemens qui les dérobent trop aux impressions de l'atmosphere; évitez pour eux les étoffes de soie ou de laines, qui conservent trop la chaleur et les vapeurs de la transpiration. Préférez les étoffes de lin, de chanvre, d'écorce ou de coton, et que le changement des saisons apporte le moins de changement possible à leurs vêtemens.

Que ces vêtemens ne leur serrent ni le col, ni le ventre, ni la poitrine; les sucs des alimens se distribuent mal dans des corps vêtus trop étroitement, et l'enfant contraint dans ses habits n'acquiert ni agilité, ni adresse; ne leur couvrez pas plus le crâne, déjà couvert par les cheveux, que le visage que rien ne couvre; que leur chaussure soit commode, et ne vous attachez pas beaucoup à préserver leurs pieds de l'humidité, qui ne nuit ni aux enfans, ni aux hommes qui s'y accoutument dès l'enfance.

La nature nous a fait présent du riz, du sagou, du maïs, du froment, de légumes savoureux, de racines nourrissantes, d'excellens fruits : ces présens devraient peut-être suffire à l'homme, mais il doivent succéder au lait, le premier aliment de l'enfance. Avant l'âge de dix ans, la matiere animale ne doit pas être la principale nourriture de l'enfant. Faites-lui éviter l'usage fréquent des fruits et des légumes qui abondent en acides; les acides dominent dans les humeurs des enfans.

Que les épiceries de nos îles, et le sel de la mer assaisonnent peu leurs mets; n'irritez point leurs faibles nerfs trop disposés aux convulsions; que l'eau pure soit leur boisson, qu'ils ignorent l'usage des boissons spiritueuses; n'oubliez pas que le feu est l'élément destructeur de l'enfance.

Que leur nourriture soit abondante; multipliez le nombre de leurs repas, mais pour les terminer qu'ils n'attendent pas la satiété; variez-en quelquefois les heures, mais que les intervalles ne soient pas trop longs. Si leurs alimens sont simples, c'est en eux le besoin et non la fantaisie qui vous les demande.

Dans l'âge où ils commencent leurs études,

que le repas du matin soit le plus frugal ; s'il ne l'était pas, le travail de la digestion gênerait la pensée qui seroit incapable d'attention.

Avant l'âge de trois ou quatre ans, permettez-leur autant de sommeil qu'ils en désirent, et à mesure qu'ils avancent en âge, vous leur en retrancherez quelque chose.

Que de douces caresses, ou des paroles prononcées à demi-voix les réveillent ; craignez d'ébranler leur faible cerveau par la surprise, par des bruits inattendus ; qu'ils ne restent jamais au lit quand le sommeil est fini ; que le lit soit dur ; ceux de ce genre fortifient autant que les autres amolissent. L'enfant doit sentir le besoin de se mouvoir du moment qn'il est éveillé : sa vie, s'il est libre, doit être partagée entre beaucoup de mouvement et beaucoup de repos ; ne le gênez ni pour l'un ni pour l'autre ; ne lui défendez de mouvemens que ceux qui seraient dangereux pour lui ou incommodes pour les autres.

Mettez en honneur les exercices qui augmentent la force, la souplesse, la légereté du corps ; proposez des prix pour ceux qui excellent dans ces exercices ; honorez ceux qui ont remporté ces prix ; ayez des lieux consacrés pour des jeux palestriques ; qu'un magistrat y préside, et qu'il soit assez instruit pour juger des exercices qui conviennent aux différentes constitutions des enfans.

Il y a des exercices accompagnés de contorsions, si peu naturelles et d'agitations si violentes, qu'ils sont plus propres à altérer les ressorts de notre machine qu'à en entretenir la souplesse et l'élasticité; ils dissipent trop les esprits, ils accélerent trop la course des liquides; il faut les interdire long-tems à vos enfans et ne les leur permettre que lorsqu'ils auront acquis des forces et le besoin de s'en rendre témoignage.

Quoique tous les exercices soient des plaisirs pour les enfans, il faut songer à les leur rendre agréables. C'est le mouvement, accompagné de gaîté et d'espérance, qui est surtout utile à la santé.

La chasse réunit tous ces avantages : elle rend insensible à toutes les variations de l'atmosphere, elle donne de la force, de l'adresse, de la légereté. La paume qui exige de la prestesse, qui exerce beaucoup les jambes et les bras, qui oblige à faire des sauts en avant et en arriere, à s'élancer de tous les côtés, à se plier en mille manieres différentes, à prendre toutes sortes d'attitudes, est excellentes, pour les enfans qui sont en âge d'essayer cet exercice.

Les jeux de balon, de boule et autres, qui donnent du mouvement à tous les membres, doivent être mis au nombre des amusemens les plus utiles.

Mais il est un exercice peu violent qui, sans exiger beaucoup de force et d'agilité, distribue une agitation médiocre à toutes les parties du corps, un exercice qui est un mélange de mouvement et de pause, qui nous accoutume à régler, à mesurer, à maîtriser nos mouvemens, et qui dispute d'agrémens et d'utilité à tous les autres exercices, c'est la danse : le goût de la danse est naturel à tous les hommes, il convient à l'un et à l'autre sexe et presque à tous les âges. Faites-le succéder quelquefois à des travaux pénibles ; vous verrez que non-seulement il exerce le corps sans le fatiguer, mais que même il le délasse.

Que vos enfans, dès qu'ils auront quelque lueur de raison, apprennent à connaître les richesses de la terre et à respecter l'agriculture. Ils ont tous la passion de la propriété : marquez dans vos champs, dans vos jardins, un petit canton, que vous leur abandonnerez ; qu'ils le cultivent, ce genre d'exercice est très-propre à les fortifier, à leur faire acquérir, en se jouant, des connoissances nécessaires, et à leur inspirer l'amour du travail, le plus grand des présens que vous puissiez leur faire.

Quand vous exercez beaucoup leurs corps, appliquez peu leur esprit; rien n'est plus opposé à l'attention de l'esprit que la fatigue du corps et le besoin du sommeil qui la suit.

Que vos enfans se délivrent dans le bain de la sueur et de la poussiere dont ils se sont couverts pendant leurs exercices. Inspirez - leur l'amour de la propreté, dont la nature ne donne pas l'instinct et dont la société fait un devoir. L'usage des bains et des frottemens après les bains, entretient la liberté de la transpiration, il est un remede à l'effet des impressions de l'atmosphere, et il délasse des travaux. Ne cherchez point pour vos enfans d'autres bains que ceux des ruisseaux et des rivieres; s'ils en sont trop éloignés, versez de l'eau sur leur tête et sur leurs membres; qu'ils fassent plus d'usage des bains froids que des bains tiedes ou chauds.

Je sais que les bains froids peuvent avoir quelques dangers, mais ils préviennent plus de maux qu'ils n'en causent, et s'ils nuisent quelquefois au premier âge, ils assurent la santé dans l'âge plus avancé.

Songez moins à empêcher vos enfans de mourir qu'à leur apprendre à vivre, et vivre c'est jouir de ses forces et de la nature. Malheur au peres qui craignent trop que la douleur n'approche de leurs enfans ! ils n'en feront pas des hommes qui osent suivre avec courage les conseils de la raison.

Mais, mes chers amis, voici des vérités bien importantes ; les moyens dont vous vous servirez pour rendre vos enfans sains, robustes et laborieux, avanceront leur intelligence ; exercer le corps, c'est exercer les organes de nos connaissances, c'est perfectionner nos sens. Plus l'enfant se livre à différentes especes d'exercices, plus il connaît ses organes et l'usage qu'il en peut faire ; il apprend à maintenir son équilibre, à conserver ou à trouver une position solide, à franchir un espace, à gravir un rocher, à grimper un arbre, à perdre sa maladresse, sa gaucherie et cette démarche faible, lourde et lente des hommes peu exercés.

C'est ainsi qu'il s'instruit de la pesanteur ou de la légereté des corps ; il sait dans peu quels leviers il doit employer pour les mouvoir, les écarter, les rapprocher, les placer ; il compare leur résistance et ses forces ; il ne tente plus l'impossible, il exécute ce qui n'est que difficile ; il apprend à connaître les figures, les grandeurs, les hauteurs, les intervalles ; plus

il fait usage du tact, plus il instruit ses autres
sens ; ses yeux instruits par le tact, lui apprennent ce qu'il doit approcher, toucher, éviter ;
son oreille lui apprend à rapporter certains
bruits à certains corps, et à juger de leur distance ; son odorat est éclairé par ses yeux, son
goût par son odorat, tous ses sens les uns par
les autres, et ses membres instruits de leurs
fonctions, ont bientôt l'habitude de les remplir.

Son cerveau s'est enrichi de jugemens vrais
sur tous les objets qui servent à sa conservation
et à ses plaisirs, son instinct s'est formé,
l'homme animal s'est perfectionné, l'homme
raisonnable a mille moyens de se perfectionner
à son tour. Vos enfans élevés ainsi peuvent encore
se trouver faibles comme hommes, mais ils se
trouvent forts comme enfans ; ils ont le sentiment de leurs forces, principe du courage.

Dans les vérités que je viens de vous révéler,
il y en a qui n'ont point été connues de nos
ancêtres ; mais elles ne sont point opposées à
leurs principes, elles indiquent au contraire
de nouveaux moyens de remplir leurs vues et
d'avancer les progrès de la raison.

Lorsque le sage Kiang-Tsé eut fini son discours, il s'éleva dans l'assemblée un murmure

qui n'était ni de critique ni d'approbation, et chacun se retira en disant, *il faut examiner.*

Quelques jours après, Kiang-Tsé convoqua de nouveau ses concitoyens et leur dit, que le sage Tsou-Chou avoit à leur faire part de quelques idées qui pourraient servir à conserver l'empire de la raison, et même à l'augmenter. Le peuple répondit : *il faut entendre Tsou-Chou.* Celui-ci s'avança d'un air modeste, s'établit sur un tertre au milieu de l'assemblée, et lut ce qui suit.

Mémoire de Tsou-Chou.

Sages citoyens de Ponthiamas, nous ne cherchons point à connaître si notre ame est la vie même, ou une portion de la vie ; si elle est matiere subtilisée ou esprit pur ; si elle est simple ou composée, une faculté ou le résultat de nos facultés. Ces questions et beaucoup d'autres du même genre, agitées souvent chez des bonzes ou des lettrés, qui avaient beaucoup de loisir, ne doivent pas occuper un peuple dont les momens sont remplis par les vrais plaisirs et les vrais devoirs ; mais vous serez charmés d'apprendre quelques moyens nouveaux d'éclairer votre ame et de la préserver de l'erreur ; sans l'erreur qui le soutient, le vice ne resterait pas sur la terre.

Je vais vous expliquer aussi clairement que je le pourrai, comment nous avons des connaissances et les degrés de certitude auxquels nous pouvons parvenir. C'est par-là qu'il faut commencer avant de vous montrer les divers genres d'erreurs, leurs causes et les moyens de nous en préserver.

Nous formons d'abord, vous le savez, nos jugemens d'après nos sensations; ces jugemens sont des propositions d'une vérité évidente. Le soleil m'éclaire, le feu me brûle, le vent me rafraîchit, la faim me presse, enfin tout ce que j'affirme ou nie de mes sensations, de l'action des corps sur mes sens, est pour moi de la premiere évidence.

Il en est de même lorsque je dis de mes sentimens qu'ils sont en moi, qu'ils me font souffrir ou jouir; j'aime, je hais, je desire, je crains, j'espere, voilà des propositions évidentes au premier degré.

Si des faits me sont attestés par la tradition ou par l'histoire, enfin par des témoignages, je n'en ai qu'une connoissance probable, et qui approche plus ou moins de la connaissance évidente dont je viens de parler, ou de la connaissance démontrée dont je parlerai tout à l'heure.

La connaissance des faits approche plus ou moins de ces deux connaissances : 1° selon que les témoins sont en grand ou petit nombre ; 2° selon qu'ils ont pu être plus ou moins instruits ; 3° selon leur caractere moral, la portée et le genre de leur esprit ; 4° selon le plus ou le moins d'intérêt qu'ils ont eu à tromper ; 5° selon les contradictions et le genre de contradictions que leur témoignage a éprouvées ; 6° selon l'accord qui regne entre les différentes parties de la relation ; 7° selon que le fait s'accorde avec les circonstances qui l'ont accompagné ; 8° selon qu'il est plus ou moins conforme aux lois de la nature.

Il y a une connaissance probable qu'on tire de l'analogie. Vous avez les mêmes organes que moi, je dois croire que vos sens sont affectés de la même maniere que les miens. Cependant il faut encore que votre témoignage, vos gestes, vos expressions, votre conduite contribuent à fortifier mon opinion ; alors j'ai de votre maniere de sentir une connaissance probable acquise par l'analogie.

Quant à vos sentimens, à vos passions, les connaissances que l'analogie peut m'en donner sont beaucoup moins probables ; pour qu'elles le fussent davantage, il faudrait que j'eusse de votre

votre caractere, de vos desseins, de vos rapports avec une infinité d'êtres, de toutes les modifications possibles de votre sensibilité, une connaissance qui sera toujours plus ou moins imparfaite.

Il y a des connaissances probables que nous devons aux conjectures ; ce sont celles que nous acquérons par l'habitude de voir les mêmes phénomenes arriver à la suite des mêmes phénomenes. Le retour du soleil ranimera les végétaux, le frottement de ces cailloux fera sortir du feu ; la certitude de ces propositions est fondée sur des faits passés. Nous concluons que les mêmes causes auront les mêmes effets dans les mêmes circonstances ; mais pour en avoir une certitude parfaite, il faudrait avoir, de la nature en général, et des substances en particulier, des connaissances que nous n'aurons jamais.

Passons aux connaissances démontrées ; j'entends celles qui sont fondées sur une suite de propositions évidentes ou identiques qui nous menent par des vérités connues à des vérités inconnues. Nous avons des connaissances de ce genre sur les nombres et sur la mesure de l'étendue et du mouvement ; nous savons, par exemple, que l'unité, répétée plus ou moins, fait un nombre plus grand ou plus petit, à proportion que l'unité est plus ou moins répétée dans le premier nombre.

Les propositions sur les nombres sont identiques, et peuvent toujours se ramener à cette proposition : ce qui est, est ; le même est le même.

Les propositions sur la mesure de l'étendue ne sont aussi que de nouvelles combinaisons des mêmes idées simples ; c'est toujours une portion de l'étendue qui en mesure une autre, et celle-ci n'est que la premiere répétée.

Nous avons des mesures fixes que nous pouvons appliquer aux différentes parties d'une surface, et en multipliant ces mesures, nous connaissons avec certitude la grandeur et les bornes d'un espace. C'est ainsi que j'ai une certitude parfaite que mon sallon a trois toises de longueur et deux et demie de largeur ; qu'il y a 12 pouces dans cette portion de la toise que j'appelle un pied, et 200 lys de Peckin à Canton.

Quoique nous ne connaissions point la force motrice des corps, ni l'origine du mouvement, nous en connaissons la vîtesse et la lenteur ; nous savons quelles portions de l'espace un corps aura parcourues dans un certain nombre de mesures du tems ; et selon la longueur de cet espace et le nombre de ces mesures , nous trouvons la vîtesse ou la lenteur du mouvement. Toutes les fois que nous pouvons employer les calculs et les mesures , nous pouvons parvenir à la démonstration.

Mais sans calcul et sans mesure, nous pouvons connaître avec certitude certaines vérités auxquelles nous arrivons par une suite de propositions dont les unes sont évidentes et les autres identiques.

Des philosophes me disent que la terre tourne , et je n'ai vu que le prétendu mouvement du soleil ; leur proposition contrarie le témoignage de mes sens , et je leur demande des preuves.

Voici ce qu'ils me disent.

Plusieurs corps immobiles ne changent point entre eux leurs rapports de position ou de distance ; voilà une proposition qu'on peut ramener à cette proposition identique : ce qui ne se meut point, ne se meut point ; le soleil ne change point ses rapports de distance ou de position avec les étoiles fixes ; c'est une vérité qu'on peut ranger au nombre des propositions évidentes.

Donc le soleil est immobile.

Les planetes, du mouvement desquelles nous sommes assurés, changent leurs rapports de distance ou de position avec le soleil et les étoiles fixes; la terre change ses rapports de position ou de distance avec les étoiles fixes et avec le soleil. Je conclus que c'est la terre qui se meut et tourne autour de lui.

Quelquefois pour m'assurer d'une vérité, il faut que je compare entre elles un grand nombre d'idées, et que je parvienne à la vérité que je cherche par plusieurs propositions dont l'une sera toujours la preuve de l'autre. Cette connaissance s'appelle connaissance raisonnée. Par exemple, de ces vérités simples : les angles opposés à leurs sommets sont égaux ; quand on connaît deux angles d'un triangle, on connaît le troisième. Les Européans sont parvenus à la connaissance raisonnée de l'étendue du globe et de la distance du soleil.

La connaissance raisonnée devient souvent une connaissance d'habitude, lorsqu'il s'est écoulé quelque tems depuis la démonstration d'une vérité. Je crois toujours que les angles d'un triangle sont égaux à deux angles droits, quoique les preuves de cette vérité soient effacées de ma mémoire. J'ai oublié comment les sages ont démontré le mouvement de la terre, et je crois toujours à ce mouvement. C'est là notre manière de croire à un certain âge. Les preuves nous sont échappées, et notre croyance nous reste.

Nous avons sur la connaissance des êtres appelés substances, fort peu de connaissances démontrées ; aujourd'hui nous en connaissons une qualité, demain une autre ; mais nous ignorons à jamais une grande partie de leurs qualités ; nous n'avons point d'idées complettes des substances.

Prenez au hasard un des cailloux dispersés sur ce rivage, connaissez-vous la connexion qui fait subsister entre elles ses différentes qualités ? Vous ne pouvez que l'analyser, et rester persuadés que votre analyse sera toujours très-imparfaite.

Nous avons des idées plus complettes des collections des substances que des substances mêmes. Nous savons mieux ce que c'est qu'une armée, que nous ne connaissons un seul des guerriers qui la composent.

Nous avons plus les idées complettes des droits et des fonctions d'une assemblée de magistrats, que celles du caractere d'un seul de ces magistrats.

C'est que ces collections sont les ouvrages de notre esprit, ainsi que les notions morales ;

celles-ci naissent des réflexions que nous avons faites sur nos rapports avec les hommes, et ces notions renferment des vérités qui peuvent être démontrées à la rigueur. Ces propositions : *le vol est injuste, l'amitié dans l'homme de bien est une vertu, l'hypocrisie a mille dangers pour l'hypocrite,* sont susceptibles de la démonstration la plus rigoureuse.

Il est aussi aisé de démontrer par une suite de propositions identiques, *que dans un état bien gouverné, l'homme ne peut conserver sa liberté qu'en obéissant aux lois*, qu'il est aisé de démontrer cet axiôme de géométrie : les quatre aires des quatre angles enfermés dans un cercle sont égaux aux deux demi-diametres de ce cercle.

Voilà, mes chers concitoyens, selon les différens objets de nos connaissances, les différentes sortes de certitude ou de probabilités auxquelles nous pouvons parvenir ; il faut à présent nous occuper des différentes sortes d'erreurs dans lesquelles nous pouvons tomber. Ce sera le sujet d'un petit écrit que je dois incessamment vous lire ; mais il faut, avant de l'exposer à votre jugement, que je le soumette à l'examen sévere de Chi-Vang et de Kiang-Tsé.

Tsou-Chou était suivi de quelques jeunes disciples chargés de papiers bleus sur lesquels étaient écrits en jaune le mémoire qu'on venait d'entendre. On en répandit des copies dans l'assemblée, et on se sépara.

Quoique Tsou-Chou eût fait une étude approfondie de l'homme, il ne présumait pas trop de ses lumieres, et ne s'offensait point qu'on ne pensât pas comme lui. Tsou - Chou n'était point un charlatan ; il ne voulait point substituer l'emphase à la simplicité, et ce qu'on appelle de l'éloquence à la précision ; il aimait mieux avoir recours à la raison des autres que de leur dire du bien de la sienne et risquer de les tromper. Il pensa qu'une conversation avec Kiang-Tsé et Chi-Vang pourrait lui donner de nouvelles idées, ou lui apprendre du moins à rendre les siennes avec plus de clarté. Il proposa donc à ses deux amis de se rendre le lendemain matin sur le penchant d'un coteau situé au bord de la mer.

Les trois Chinois se trouverent au rendez-vous à ce moment où l'esprit des sages est dans sa force. Le soleil venait de se lever, son globe ne paraissait encore qu'à demi vers ces bornes de l'horizon où les cieux et les mers s'unissent et se confondent. Les Chinois s'arrêtent aux pieds de quelques arbres en fleurs , d'où leurs regards se promenerent sur la mer étincelante et dorée qu'agitaient doucement le vent du matin et le mouvement de la lumiere. Ils tournerent ensuite leurs yeux sur le rivage qui embrassait une rade étendue, dans laquelle plusieurs vaisseaux ornés de banderoles de toutes couleurs , étaient à l'ancre ou mettaient à la voile. Ce rivage était composé de plusieurs coteaux enchaînés l'un à l'autre, et chargés de jolies maisons , qui étaient environnées de palmiers, de cocotiers , de figuiers , d'arbres de la plus grande fécondité ou de la plus belle verdure. On voyait dans l'enfoncement la ville élégante et modeste de Ponthiamas.

Nos sages s'étant assis sur un siege de cette mousse épaisse si commune dans les pays chauds et humides , resterent quelque tems dans le silence ; ils étaient ravis du spectacle qui se présentait à leurs regards ; ils jouissaient du plaisir d'avoir retrouvé , au lever du soleil, leurs sensations et leurs pensées, qu'un sommeil pur et tranquille avait suspendues.

Tsou-Chou rompit le silence : Mes amis, dit-il, j'ai besoin de vos lumières , je viens vous les demander. Je sais peu , je doute beaucoup ; corrigez-moi si je me trompe , instruisez-moi si j'ignore. Voici un petit recueil des causes qui conduisent l'homme à l'erreur ; elles ne sont pas en grand nombre, mais il y en a toujours quelqu'une qui nous obsede ; cherchons à les connaître, et nous chercherons ensuite les moyens de les écarter.

Tant que nous nous bornons à affirmer, d'après les idées simples que nous recevons des sens, comme lorsque nous disons : Cette cerise est rouge, cette tubéreuse est blanche, le son de ce fifre est aigu, cet ananas est acide, nous formons des propositions vraies, et qui ne pourraient être fausses que par un vice de l'organe. Des sons presque aigus paraissent graves à certaines oreilles ; un malade trouve amer l'aliment que je trouve doux ; alors ma proposition vraie pour moi, ne l'est pas pour ceux dont je viens de parler.

Je puis me tromper en prononçant des jugemens d'après les idées simples que je reçois du sens de la vue, si je vois les objets à une distance trop éloignée ou à travers un milieu qui les change.

La disette des mots qui, dans aucune langue, ne se trouvent en assez grand nombre pour exprimer toutes les nuances d'une même sensation, peut aussi m'induire en erreur. Je dis que le souci et la jonquille sont de la même couleur, parce que ces deux fleurs sont jaunes ; ma proposition est fausse, parce qu'elles ne sont pas du même jaune.

Je puis me tromper si j'affirme ou je nie que la qualité qui me donne telle ou telle sensation, est ou n'est pas de l'essence d'un corps, parce que nous ne savons pas ce que c'est que l'essence des corps.

Si j'établis que certaines substances ont toujours les mêmes rapports que j'ai vus entre elles : j'ai dit que ce chêne était plus élevé que ce peuplier, cela était vrai l'année derniere ; mais si je le dis cette année, cela est faux, parce que le peuplier s'est élevé au-dessus du chêne.

Je me tromperai si je généralise trop les effets de ma sensation, si j'affirme que la saveur ou l'odeur qui me plaisent ou me déplaisent sont agréables ou désagréables à tout le monde.

Quant aux propositions niées ou affirmées d'après mes sentimens simples, je hais, j'aime, je crains, j'espere, elles ne peuvent me tromper, tant que je fais abstraction de la durée que ces sentimens peuvent avoir, ou du degré auquel je les éprouve.

Mais mes sentimens les plus simples se composent ; il n'y a pas d'espérance qui ne soit mêlée de crainte. Je cherche à me dérober à ce dernier sentiment pour me livrer à l'autre, et je suis moins sûr de savoir quel est celui des deux qui domine.

Je puis me tromper si je crois que ma haine est plus forte que celle de mon ennemi, ou si j'affirme qu'elle va finir ou qu'elle sera durable.

Il est dans nos sentimens comme dans nos sensations, bien des nuances que les langues ne peuvent exprimer. Je puis me tromper et tromper mon épouse quand je lui dis que j'ai pour elle la même tendresse qu'elle a pour moi.

Dans la science des nombres, je puis me tromper si je combine mal plusieurs nombres et si j'en tire un faux résultat, ou seulement si je donne à un nombre le nom qu'on ne lui donne pas.

En mesurant le mouvement, le tems et l'étendue, je me tromperai si je connais mal ou si j'applique mal la mesure dont je fais usage.

Si, lorsque nous affirmons ou nous nions d'après des sensations simples, des sentimens simples, des idées de nombre, il est rare de nous tromper ; ce malheur devient moins rare du moment que nos idées se composent, et que nous jugeons ou que nous raisonnons sur des collections d'objets physiques, ou sur des notions morales qui sont des collections d'idées.

Voici sur les objets physiques que nous appelons substances, nos différentes manieres de nous tromper.

Pour soulager notre mémoire et pour faciliter les opérations de notre esprit , auquel il aurait été impossible de créer des noms pour chaque individu , ou de retenir ces noms , nous avons rangé ceux qui ont plus ou moins de ressemblances dans de certaines classes que nous avons appelées genres ou especes. Cela était nécessaire pour conserver nos connaissances , pour les augmenter et pour communiquer nos idées ; mais cette méthode peut nous jeter dans l'erreur.

1°. En donnant à un genre des qualités qui ne sont que dans certaines especes : par exemple , je n'ai vu que des oiseaux aquatiques , et je dis que l'oiseau est un animal qui vole dans les airs et qui nage dans les eaux. Je n'ai vu de générations que celles des bipedes , quadrupedes ou oiseaux , et point celles des poissons et de certains coquillages , et je dis que la génération est l'effet de l'union des sexes et de l'incubation , etc.

2°. Si j'attribue à chaque individu d'une

espece des qualités dont manque un grand nombre
de ces individus : par exemple si je dis que tous
les chiens sont des animaux caressans, il y en a
de féroces ; si je dis que le fruit rouge est acide,
il y en a de doux ; enfin si je pense qu'on peut
marquer avec précision à quel point un individu
peut différer des autres individus de son genre
ou de son espece.

3°. En supposant des rapports qui n'existent
point d'un genre, d'une espece, d'un individu
à l'autre.

4°. En rangeant les individus dans des especes,
ou les especes dans des genres qui ne les renferment pas.

5°. Si je suppose entre les genres et les especes
des différences qui n'existent point.

6°. Si je crois que la nature se conforme toujours à nos divisions arbitraires.

7°. Si je prends mes définitions par le genre
et par l'espece pour une connaissance réelle ou
complette des êtres.

8°. Si je crois connaître précisément les qualités essentielles des substances, et pouvoir marquer toujours à quel point elles peuvent être
privées de certaines qualités, sans cesser d'être
du genre ou de l'espece dans lesquels j'ai coutume
de les placer.

9°. Si je crois trop aisément que je connais bien celle des substances que j'ai un grand intérêt de connaître , comme les animaux domestiques, les plantes usuelles , etc.

Enfin les substances sont un composé de qualités d'ordinaire unies ensemble, et je tomberai dans l'erreur en ajoutant ou en retranchant à ces qualités.

Passons à nos erreurs en morale.

La morale est la vraie science, mais il faut l'apprendre. Il y a un moment où l'homme s'ignore , et un autre où il s'oublie.

Tant qu'il reste borné à la recherche de ses grossiers alimens, au soin de se défendre contre les animaux et contre l'intempérie des saisons , la patience , l'adresse , la force sont les seules qualités qu'il estime en lui ; si alors la justice est née , elle est bien faible dans sa naissance ; et ce sentiment de bienveillance, effet des avantages que la société procure , n'anime point le cœur de l'homme avant l'établissement de la société.

Le moment où il oublie la morale, est celui où les lois ne sont plus faites pour l'avantage de tous, où les hommes chargés de maintenir l'ordre, la justice et les mœurs, les sacrifient à leurs intérêts mal entendus.

Nous ne sommes ni dans l'une ni dans l'autre de ces situations, nous n'obéissons ici qu'aux conseils de la raison universelle que nous ont transmis nos ancêtres. Ils nous ont dit : ce monde est un grand royaume dont l'esprit du ciel est le souverain, les nations sont des familles différentes, toutes filles de la nature ; dans ce grand tout, chaque nation, chaque personne, pour vivre en paix et dans la joie, doit concourir à l'utilité générale et y rapporter toutes ses actions. Voilà ce que nous ont dit nos ancêtres, et nous les croyons.

Mais il est des erreurs qui peuvent surprendre des hommes dont les lumieres ne sont point éteintes, et dont les mœurs ne sont point corrompues.

Voilà celles que nous devons chercher à connaître.

On se trompe en jugeant de la convenance ou de la disconvenance de ses sentimens et de ses actions, avec les lois de la nature ou avec les lois établies.

Je puis regarder une action comme l'effet de telle vertu, quand je devrais la rapporter à une autre vertu.

Je vis un jour un riche négociant, il s'appelait Ouang - Song, donner une partie de son bien à un négociant dont le vaisseau avait fait naufrage ; j'exaltais la libéralité d'Ouang-Song ; j'appris que le malheureux qu'il obligeait avait été son bienfaiteur, et je me bornai à dire qu'Ouang-Song était juste.

On peut quelquefois donner à une action vicieuse le nom d'une vertu. Mon ami Honang admirait la frugalité de son voisin. Il est riche, me disait-il, et il éleve ses enfans dans l'éloignement d'un luxe dangereux. J'appris à Honang que cet homme frugal possédait d'immenses richesses, et qu'il refusait à ses enfans les commodités de la vie. Honang vit que son voisin n'était pas frugal, mais avare.

Nous donnons quelquefois le nom de téméraire à une action courageuse, celui de la lâcheté à la prudence, celui de finesse à la fausseté, et nous pouvons rarement marquer avec précision la nuance qui distingue le vice de la vertu, la raison de la folie. Voyons pourquoi.

Les actions que nous avons à juger sont celles des autres ou nos actions ; nous nous trompons dans l'une ou l'autre circonstance par les mêmes causes et par des causes différentes.

L'homme qui pense trop bien de lui, n'examine

mine pas assez ni son voisin ni lui-même. J'ai
vu le mandarin Smen-Zée, lorsqu'il était mi-
nistre sous le dernier de nos empereurs, choisir,
après un quart-d'heure de conversation, les
vice-rois et les premiers magistrats de l'empire.
Il avait donné pour gouverneur à la riche pro-
vince de Fo-Kien un homme dur et pédant,
qu'il voulait croire exact et juste. Il avait mis
à la tête d'un de nos plus augustes tribunaux
un homme qu'il disait habile, et qui n'était que
faux et intrigant.

Il y a des esprits timides qui craignent de
juger ; ils promenent vaguement leurs pensées :
nés pour errer dans les ténebres, ils n'y seront
éclairés que d'une lumiere empruntée. Voulez-
vous savoir quelles sont les opinions de Chi-Gan ?
informez-vous du livre qu'il lit, de l'homme
qu'il aime, du bonze qu'il écoute.

Il y a des esprits subtils qui craignent de
prononcer ; à force de distinguer finement, ils
découvrent dans les objets tant de différences,
tant de nuances, tant de minuties, qu'ils ne
peuvent plus voir les objets ensemble.

Enfin il y a des esprits qui ne s'exercent jamais
à chercher la vérité, et cette disposition se for-
tifiant avec l'âge, l'action de penser devenant
pour eux une fatigue ; toujours déterminés par

un intérêt du moment, ils changent leurs opinions, à mesure que les circonstances ont changé.

Hélas! nous craignons trop peu d'être dupes de nous-mêmes. Je veux bien, me disait un jour le jeune Kin-Ko, être trompé par trois personnes, qui sont mon ami, ma maîtresse et moi. Ce jeune homme me fit une grande pitié.

Autant que l'ignorance, autant que les mauvaises lois, autant que la précipitation de l'orgueil, autant que l'indécision de la timidité, autant que la confusion d'idées de l'esprit subtil, autant que l'inattention de la paresse, les passions nous empêchent de connaître la convenance ou la disconvenance des sentimens ou des actions avec les lois naturelles ou établies.

Si je suis trop vivement emporté par l'espérance d'un bien, ou par la crainte d'un mal, je ne vois plus comment mon intérêt se lie à l'intérêt du grand nombre, ou lui est opposé; alors je juge mes actions, mes desseins, d'après ma situation et non d'après leur caractere. Je vois de même les actions ou les desseins des autres : je trouve innocens ceux qui me favorisent, et criminels ceux qui me contrarient.

J'ai vu à Peckin le mandarin Mau-Pen, il a

reçu de la nature un esprit juste, et les passions en font un esprit faux. Voit-il jamais des vices dans les hommes qui servent bien ses intérêts? Accorda-t-il jamais quelques vertus ou quelques lumieres à ses concurrens? A-t-il jamais interprété une loi dans le sens naturel, lorsque ce sens ne lui est pas favorable?

Les passions nous font raisonner sur plus de choses que nous n'en savons, et c'est une dés causes qui nous font abuser des mots, poser des principes vagues, user d'expressions métaphoriques, de termes équivoques.

Il y a des mots qui comprennent un si grand nombre d'idées, que le sens n'en est presque jamais déterminé : tels sont les mots *luxe*, *génie*, *esprit*, *économie*, etc., *beau*, *intérêt*, *nature*.

Il y en a d'autres auxquels on n'attache pas toujours le même nombre d'idées dans la même contrée, et bien moins encore dans des pays dont les lois, les usages, les mœurs ne sont pas les mêmes : par exemple, *liberté*, *égalité*, *amitié*, etc.

Les passions ajoutent ou retranchent souvent à la collection d'idées que désignent certains mots : *reconnaissance*, par exemple, renferme toujours l'idée d'un plus grand nombre de devoirs pour le bienfaiteur intéressé que pour l'homme obligé qui est sensible et juste. Celui-ci se trouve chargé de plus de devoirs que ne le juge un bienfaiteur généreux.

L'homme vain comprend sous le nom qui exprime sa charge, une foule de prérogatives ; l'homme vertueux une foule de devoirs.

Il y a des mots dont quelques charlatans ou leurs dupes font usage sans y attacher d'idées : tels sont les essences des êtres, les formes substantielles, les moules intérieurs, etc.

On définit quelquefois un mot en renfermant dans sa définition d'autres mots qu'il faudrait encore définir.

On emploie quelquefois des mots, par exemple, *amour propre*, *entendement*, *volonté*, etc., comme s'ils signifiaient des êtres, des ames séparées. Ce galimatias a égaré plus d'un Européan.

D'autres, aussi peu sensés, réalisent les abstractions, comme le *juste*, le *beau*, le *souverain bien*. Ils en parlent comme de personnes, de sortes de divinités, etc.

Il y a trois causes d'erreur qui nous égarent également sur les substances et sur la morale.

La premiere, c'est le besoin de croire, et de nous délivrer de l'incertitude qui humilie les esprits indociles à la raison.

La seconde, c'est l'usage trop étendu que nous faisons de l'analogie. Nous décidons trop légerement du rapport qui doit être entre les effets par le rapport que nous avons vu entre les causes, et du rapport qui doit être entre les causes, par le rapport que nous avons vu entre les effets.

Deux phénomenes ont quelque ressemblance, et nous voulons qu'ils aient la même cause. Deux êtres se ressemblent dans un point, et nous concluons qu'ils se ressemblent dans un autre.

Les oiseaux prévoient de loin les changemens des saisons, et les changemens plus prochains de l'atmosphere; combien de peuples n'en ont-ils pas inféré qu'on pouvait les consulter sur les événemens de la politique et de la guerre?

Je vois que le soleil et la lune influent sur la végétation et sur les corps animés; je veux que les astres aient de l'influence sur toutes nos actions.

C'est par un abus de l'analogie, qu'on veut conclure du particulier au général : je donne à tous les hommes quelques travers de mon pays; un remede est salutaire dans quelques maladies, je l'emploie dans d'autres, et il est funeste. Une loi était utile à la Chine, et je la porte dans la Corée qu'elle désole.

La troisieme de ces causes de nos erreurs, c'est la manie d'assigner une seule cause à une multitude d'effets. J'attribue le balancement des mers à l'action de la lune ; je verrais, si je voulais le chercher, que l'action du soleil y contribue beaucoup, et que le mouvement de la terre influe encore sur ce grand phénomene.

Quelques moralistes bornent au climat les causes de nos caracteres ; d'autres disent que nos cœurs sont formés par la législation. Ceux-ci pensent que nos mœurs sont uniquement les effets de l'éducation ; d'autres vous attesteront que s'il y a encore de la vertu sur la terre, c'est que Foé y conserve des adorateurs. Hélas! vous le savez, mes amis, toutes ces causes, et mille autres, agissent sur l'homme, lui impriment son caractere, et sont les causes de ses belles actions et de ses sottises.

On peut regarder comme les causes du plus grand nombre de nos erreurs, les fausses liaisons d'idées. La nature des besoins éprouvés dans notre jeunesse, a fixé notre attention sur les objets de ces besoins; aux idées de ces objets se sont liées celles des moyens de les obtenir : les uns de ces moyens ont été légitimes, d'autres ne l'étaient pas. Si nous avons obtenu les objets de nos desirs par des moyens illégitimes, les idées d'injustice et de plaisir auront pu se lier fortement dans notre cerveau ; si nous avons été obligés de renoncer à un grand plaisir, dans la crainte de manquer à l'un de nos devoirs, nous aurons lié les idées de devoirs et de privations ; et le sentiment influant sur l'opinion, nous aveuglera sur la nécessité de suivre nos devoirs, sur la préférence qu'il faut donner à certaines vertus. Celui de mes devoirs que je serai disposé à croire le moins essentiel, sera celui dont l'idée s'est liée dans ma jeunesse à l'idée d'un grand sacrifice.

Chez des barbares qu'opprime le despotisme, l'idée de la sécurité de sa personne et celle de la conservation de sa fortune se lient aux idées de bassesse et de fausseté.

Dans les pays malheureux où l'on adore une divinité cruelle et bisarre, les idées de justice et de bonté entrent rarement dans les idées qu'on veut se faire de la perfection.

Lorsque la vengeance est honorée chez un peuple, les idées d'honneur et de vengeance ne peuvent être séparées.

Je n'en dirai pas davantage sur les fausses liaisons d'idées, je rentrerais dans ce que j'ai dit de nos passions, lorsque je les ai considérées comme causes de nos erreurs, puisque c'est aux passions qu'il faut attribuer une bonne partie des fausses liaisons d'idées.

Chin-Vang et vous Kiang-Tsé, c'est à vous à chercher les remedes aux différentes causes de nos erreurs : j'y penserai aussi ; mais je ne compte que sur vos lumieres. Après avoir médité sur une matiere si importante, nous nous rassemblerons, nous choisirons dans nos pensées celles qui auront l'approbation de tous les trois, et nous en ferons part à nos concitoyens.

Nos sages firent ensemble un recueil de quelques préceptes qui leur parurent les plus nécessaires à l'homme qui ne veut pas s'égarer dans la recherche de la vérité ; ils rangerent ces préceptes dans le même ordre qu'ils avaient rangé les genres de nos erreurs : ils devaient être placés à la tête de certains petits livres dont ils méditaient la composition. L'un de ces livres était un dictionnaire des substances, dont les noms étaient placés par ordre alphabétique.

Voici les préceptes qui étaient à la tête de ce livre.

Ne tentez jamais d'acquérir que par les sens, les idées des objets sensibles. Ne croyez point connaître la couleur dont on vous parle, si vous ne l'avez pas vue ; l'harmonie du kin et du ly, si vous ne l'avez pas entendue ; l'acide parfumé de l'ananas, si vous ne l'avez point goûté ; la froideur ou la dureté polie du marbre, si vous ne l'avez pas tâté ; ni la forme des corps, si vous ne les avez pas examinés de tous les côtés.

Lorsque vous avez une idée simple, employez toujours le même mot pour l'exprimer, et que ce mot soit celui que vos concitoyens emploient à cet usage.

N'affirmez pas légerement que la sensation qui vous plaît ou vous déplaît, a les mêmes effets sur les autres.

Souvenez-vous que nous n'avons pas assez de mots pour exprimer toutes les nuances d'une sensation.

Tous les corps sont en mouvement, tout change dans la nature ; n'affirmez pas légerement que certains êtres ont constamment les mêmes qualités, les mêmes rapports de causes, d'effets, de grandeur, de distance, etc.

Croyez que les définitions par le genre et par l'espece, que nous faisons des substances, ne sont que des moyens d'en conserver et d'en communiquer l'idée.

Croyez que nous ne connaissons point les

essences des êtres, et qu'il est nécessaire d'étudier avec soin leurs qualités, leurs propriétés, c'est-à-dire d'en faire l'analyse.

Pensez que cette analyse des êtres ne nous en donnera jamais une connaissance parfaite, mais nous en apprendra ce qui peut être utile à nos besoins.

Ne croyez point qu'entre les individus, les genres, les especes, il y ait des ressemblances, des différences, des rapports quelconques, sans vous en être assurés par votre expérience, ou par des témoignages dignes de foi.

Le moyen le plus sûr de répandre jusques dans la classe la plus pauvre des citoyens les idées justes des substances, et de lui en donner la connaissance qui lui peut être utile,

Le voici :

Un *Dictionnaire des substances.* Qu'il soit composé par une société de savans, et que les noms des substances y soient rangés par ordre alphabétique ; qu'il ne comprenne que les noms des substances les plus communes et les plus usuelles, comme les astres, les animaux, les végétaux, les grains, les fruits, les fleurs, les pierres, les gommes, les fossiles, les minéraux les plus généralement connus ; il contiendra aussi les noms de ces mélanges artificiels, ou de ces machines utiles qui sont pour ainsi dire des substances composées par l'homme.

Au-dessus du nom de chaque substance, il y aura une petite estampe coloriée qui présentera aux yeux l'objet désigné par le nom.

Ce nom sera défini par le genre et par l'espece.

La définition sera suivie d'une courte analyse, qui comprendra les qualités les plus caractéristiques, quelques propriétés actives et passives les plus reconnues. On évitera autant qu'il sera possible d'employer dans cette analyse des mots qui ne sont employés que par les savans.

Lorsque vous aurez à présenter ces sortes de substances nouvelles, qui sont l'ouvrage de l'homme, vous n'entrerez dans quelque détail que sur les arts de premiere nécessité; comme ceux du laboureur, du maçon, du serrurier, du tailleur, du matelot, etc.

En général vous ferez ces articles du dictionnaire, beaucoup plus pour ceux qui exercent les arts que pour ceux qui en jouissent.

A ces articles, comme à ceux des substances, vous direz toujours les usages les plus utiles que l'homme peut en faire.

Les magistrats chargés d'instruire, et de conseiller leurs concitoyens, fourniront aux frais de la patrie ce dictionnaire utile aux différens états.

Passons aux moyens de préserver les hommes de se tromper en morale.

Une métaphysique fine et profonde a pu être nécessaire aux sages qui ont voulu éclairer des nations corrompues; mais elle ne l'est pas à des hommes qui veulent seulement connaître leurs devoirs et les suivre. Ils doivent se borner à quelques notions évidentes et sensibles, d'où découlent les préceptes de la loi naturelle : ces notions peuvent être aisément renfermées dans un de ces petits livres qu'on imprime au renouvellement de l'année, et qui contiennent les noms, l'ordre des saisons, des mois, des jours. Ces notions générales et abrégées préviendront en morale quelques erreurs; mais beaucoup moins qu'un dictionnaire de morale fait dans le même esprit que le dictionnaire des substances.

Il comprendra les facultés de l'homme pensant, comme imagination, mémoire, jugement; et les qualités et les défauts de l'esprit humain, comme raison, justesse, sagacité, étendue, etc. ; les qualités de l'esprit faux, subtilité, lenteur, erreur, folie, etc.

Au-dessous du nom, il y aura une définition

et puis une courte analyse qui expliquera l'utilité ou les inconvéniens, les causes et les effets de cette qualité ou de ce défaut.

Ce dictionnaire comprendra tous les noms des facultés, et des qualités bonnes ou mauvaises de l'homme sensible ; ses penchans, ses passions, ses actions morales.

Une courte définition expliquera le mot qui désigne le penchant. On dira ensuite, en très-peu de mots, comment il est nécessaire à l'homme, et la maniere dont il est opposé ou conforme aux principes de la raison universelle.

On suivra pour les passions la même méthode que pour les penchans. Si on n'a pas placé dans la définition la maniere dont les passions dont on parle se composent avec d'autres passions, on doit le dire après la définition, ou dans quelques endroits dont je parlerai. On n'omettra point d'expliquer dans ce dictionnaire comment les passions sont vertueuses ou vicieuses, agréables ou pénibles.

Comme, dans le *Dictionnaire des substances*, nous voulons, sous chaque mot, une estampe qui représente l'objet dont le mot est le signe ; dans le *Dictionnaire de morale*, nous voulons le récit très-court d'un fait ou historique, ou d'invention qui caractérise le penchant ou la passion dont on parlera. Il faut que ce fait les peigne à l'imagination, comme l'estampe peint les substances aux yeux.

Il y aura dans ce dictionnaire la plupart des relations que l'homme peut avoir avec l'homme, comme habitant du monde, citoyen, magistrat, maître, domestique, époux, pere, fils, etc.; vous y mettrez aussi les relations de la femme. Après la définition du mot qui exprime la relation, il y aura un petit nombre des principaux devoirs qu'elle impose, et quelquefois un fait qui peindra le bonheur ou le malheur d'un homme ou d'une femme qui ont rempli ou négligé leurs devoirs.

Vous mettrez aussi dans le dictionnaire les noms des différens âges de la vie, et des diverses situations de l'homme; après la définition, vous direz un mot de ce qui caractérise les âges et de la sorte de passions qu'inspirent les différentes situations.

L'espece de caractere, d'inconvéniens, d'avantages que vous n'aurez pas placée sous le nom d'une faculté, d'une passion, etc., vous pourrez la placer sous le mot du verbe qui exprime l'action que fait faire cette faculté ou cette passion. Vous pourrez y placer aussi quelques mots des circonstances, des motifs qui rendent une action vertueuse ou vicieuse. Si vous avez omis de parler de tout cela sous le verbe et sous le substantif, parlez-en sous l'adjectif.

Il ne faut pas omettre dans ce dictionnaire les mots qui expriment les interjections et les exclamations ; elles sont les signes d'un sentiment vif ou extrême, et sous ces mots vous pourrez parler de l'excès des passions.

Il ne faut pas omettre davantage les particules affirmatives ou négatives, ni même les conjonctives : ce sera des occasions de parler de la certitude ou de l'incertitude de nos connaissances et des liaisons d'idées qu'approuve ou désapprouve la raison.

Vous devez dans tout ce livre unir la plus extrême briéveté à la plus extrême clarté. Définitions, réflexions, exemples, tout doit être précis et court, tout doit être d'une vérité palpable. Mais qui composera ce livre ? Il sera fait sous les yeux des magistrats par des sages qui auront étudié l'homme, la société et la langue de leur pays.

Ce livre ne fera pas un volume considérable, il pourra être acheté par la classe la plus pauvre des citoyens. L'état d'ailleurs pourra leur en faire présent ; les magistrats en ordonneront la lecture aux enfans et au peuple, et les hommes seront plus éclairés dans les jugemens qu'ils porteront les uns des autres et d'eux-mêmes ; ils recevront une lumiere nouvelle qui les éclairera sur leurs devoirs et sur l'état de la société.

L'Europe a, dit-on, beaucoup de livres de cette espece ; mais j'ai appris de quelques Européans dignes de foi que ces livres ne sont jusqu'à présent que des compilations faites au hasard par des hommes médiocres, et qu'elles ne sont vraiment utiles qu'à ceux qui les vendent.

Ainsi finit le mémoire de Tsou-Chou sur la maniere d'éviter les erreurs. Kiang-Tsé et Chin-Vang parurent contens ; mais Chin-Vang dit qu'il avait sur le même sujet un recueil de préceptes qui pourrait être de quelque utilité, et proposa de le lire. Tsou-Chou et Kiang-Tsé consentirent à l'entendre, et Chin-Vang lut ce qui suit.

Les préceptes que je vais lire pourraient être placés à la tête du dictionnaire ; ils prépare-raient à en faire un bon usage.

Les voici :

Etudiez en vous les sentimens simples qui s'élevent

s'élèvent dans votre ame, et dites-vous qu'il y a bien peu de ces sentimens dont vous connaissiez toutes les causes, et comment ils vont s'affaiblir ou se fortifier, en s'alliant à d'autres sentimens.

Répétez-vous sans cesse qu'il y a bien peu de sentimens en vous qui ne soient composés.

Observez votre caractere et les circonstances où vous vous trouvez, afin d'être en état de juger du sentiment qui vous domine.

N'oubliez pas que nous n'avons pas assez de mots pour exprimer toutes les nuances des sentimens simples, et tous les caracteres que peuvent prendre les sentimens composés de deux ou trois sentimens.

Soyez sûrs que vous n'avez jamais des idées exactes d'un sentime nt simple que vous n'avez pas éprouvé, et que vous n'en connaissez que quelques effets ou quelques causes.

Craignez en vous la disposition à croire ; ne vous déterminez pas par la probabilité, tant que vous ignorez si vous ne pouvez avoir l'évidence ou la démonstration.

Si vous vous déterminez par la probabilité, prenez garde que ce ne soit la passion qui vous détermine.

Cherchez de quel degré de certitude est la proposition que vous examinez.

Ne commandez jamais à votre femme et vos enfans d'un âge mûr, ni à vous-même, de croire ce qui n'a point été examiné.

N'ayez pas trop de confiance en vos anciens jugemens, sans quoi vous seriez plus attaché à l'habitude de croire qu'à la vérité.

Craignez souvent d'avoir mal observé, mal retenu , mal jugé ; dites-vous souvent : je doute. Examinez si vous ne devez pas le dire de ce que vous croyez depuis long-tems. C'est surtout quand vos anciennes opinions sont combattues que vous devez beaucoup examiner. Pesez avec attention les argumens que vos adversaires emploient contre vous.

Dites-vous : si mes opinions étaient évidentes ou démontrées, elles ne seraient pas combattues long-tems.

Un sage a dit : Ne donnez un assentiment parfait que lorsque votre conscience vous reprocherait de douter.

Si vous ne donnez qu'un demi-assentiment, vous serez toujours dans la disposition de vous instruire, et vos disputes seront modérées.

Dites-vous que les mêmes phénomenes dans la nature , les mêmes actions dans la société n'ont pas toujours les mêmes causes ou les mêmes effets, et vous ne généraliserez pas trop vos idées, et vous ne prétendrez pas expliquer tout par un seul principe.

Nous avons les idées d'un certain ordre, qui n'est que l'ouvrage de notre esprit ; il n'y a rien qui soit parfaitement conforme à cet ordre dont nous avons l'idée.

C'est dans la société surtout qu'il faut observer, comparer, analyser, afin de distinguer les rapports réels de ceux qui ne sont que les ouvrages de notre esprit conduit par nos passions.

Quand vous connaîtrez ce que les lois, les religions, les circonstances ont fait de nous, vous ne direz pas si légerement : voilà comment la nature a fait l'homme.

Il faut examiner si les idées qui sont unies dans notre esprit, le sont par une correspondance naturelle ou par notre habitude de les unir.

Si nous décomposons les idées attachées à deux termes moraux, dont l'un nous rappelle l'autre, nous distinguerons si ces idées doivent en effet être accompagnées l'une de l'autre ; et si cela n'est pas, nous prendrons l'habitude de recevoir l'une sans recevoir l'autre.

Pour savoir si quelques préjugés faux n'ont point été admis et conservés dans nos têtes par de fausses liaisons d'idées, il faut analyser nos opinions ; mais en commençant notre analyse, il faut rapporter toutes nos idées aux principes incontestables, qui sont le fondement des sociétés : par exemple l'idée de vertu s'est liée dans ma tête avec une certaine habitude : j'examine si cette habitude est utile à la société, si elle est l'effet d'une disposition à servir les hommes.

Mettez de l'ordre dans l'examen d'une question, allez du facile au difficile, du clair à l'obscur. Si la question vous paraît embarrassée, il faut en chercher le nœud et de quelles idées étrangeres on l'a environnée ; écartez ces idées avec soin, et vous concevrez plus nettement votre question.

Divisez-la si elle peut se diviser, et parcourez avec attention ses différentes parties ; comparez ensuite les parties aux parties, et celle-ci avec le tout, c'est-à-dire, voyez les idées dépendantes de votre question, et comment elles servent à combattre ou à établir une proposition.

Songez que pour bien raisonner il est nécessaire de découvrir des preuves, de les placer de maniere qu'elles vous menent d'une vérité à l'autre ; de faire appercevoir la liaison de vos preuves, et enfin d'en faire sortir la vérité que vous avez cherchée.

Il faut avoir ou l'évidence ou la démonstration, ou tout au moins la plus forte probabilité de chaque proposition qu'on emploie dans ses raisonnemens pour servir de preuves.

Vous ne devez penser ni trop bien ni trop mal de l'esprit humain ; il peut découvrir toutes les vérités utiles, et nous conduire à tous les sentimens honnêtes.

L'esprit, dans le repos, perd sa force et son étendue. Songez surtout à réfléchir : vous avez beaucoup lu, beaucoup vu, beaucoup retenu, et vous ne savez rien si vous n'avez pas médité.

Il est nécessaire pour méditer d'accoutumer d'abord notre esprit à embrasser un petit nombre de faits ou de réflexions qu'il puisse concevoir facilement et rendre nettement ; peu-à-peu nous l'accoutumerons à voir ensemble, sans les confondre, un plus grand nombre de faits ou de vérités.

Après ce petit nombre de conseils, Chin-Vang cessa de lire, et on approuva ce qu'il avait lu ; mais nos sages qui pensaient que les erreurs où nous jettent nos passions, sont les

plus communes et les plus dangereuses , proposerent à Chin-Vang de rassembler un petit
nombre de préceptes qui serviraient plus par-
ticulièrement à prévenir cette espece d'erreurs.
C'est ce que j'ai exécuté , dit Chin-Vang ; je
pense que les conseils que vous venez d'entendre
doivent être distribués dans tous les lieux où
on instruit la jeunesse ; mais ceux que je vais
vous lire doivent être sans cesse présens à tous
les hommes.

Il y a un proverbe qui dit : *Lorsqu'un homme*
vicieux a promis de se corriger , mettez sa promesse
en chanson , et qu'elle lui soit chantée tous les
jours. C'est dans la même vue que Tsou-Chou ,
Kiang-Tsé et Chin-Vang voulurent que ces
derniers préceptes fussent mis en vers , et peints
en lettres majuscules , avec des couleurs vives ,
sur les murs des appartemens. Cet usage était
commun chez les anciens Egyptiens ; ils avaient
gravé sur des colonnes les maximes qu'ils te-
naient d'Horus et d'Osiris. Autrefois les Chinois
avaient coutume de peindre sur les murs de leurs
maisons les images de plusieurs divinités ; depuis
Confucius on effaça peu-à-peu ces magots , et
on leur substitua de sages conseils , des pensées
solides , des sentences sublimes. Cet usage qui
subsiste encore à la Chine , n'a pas peu con-

tribué à faire des Chinois un peuple raisonnable.

Voici les préceptes que nos sages proposerent d'écrire sur les murs des appartemens de Ponthiamas.

Il n'y a rien de plus important dans la conduite de l'esprit, que de savoir à quel point il doit croire.

La ville de la justice, dit Lopi, est dans le royaume de la lumiere.

L'erreur ne peut être utile qu'un moment; la vérité nous est utile depuis le berceau jusqu'au tombeau.

De toutes les vérités, les plus utiles sont celles qui nous apprennent à connaître nous, nos semblables et nos devoirs.

Voyez ce que doit être, dans vous et dans les autres, la nature soumise à la société.

Il n'y a pour l'homme que deux sources de lumieres, son expérience et l'expérience des autres.

Les circonstances et les passions ont donné à votre voisin des idées qui lui sont propres; les circonstances et vos passions vous ont donné des idées qui lui sont étrangeres.

Consultez votre voisin, et rendez - vous

propres ses idées si elles sont vraies ; si vous les croyez fausses, disputez avec prudence.

Un raisonnement long et prononcé avec chaleur, dit Chou-King, est le long cri d'une ame passionnée.

Songez que si dans la dispute votre orgueil veut avoir raison, votre intérêt demande que vous trouviez la vérité.

Si vous n'avez embrassé votre opinion ni par intérêt, ni par fantaisie, pourquoi vous offensez-vous lorsqu'elle est combattue ?

Si une vérité combat votre opinion, dites-vous que jamais une vérité n'est opposée à une vérité.

Souvenez-vous que vos passions influent également sur vos actions et sur vos jugemens.

Votre ami et votre ennemi sont d'une opinion différente : examinez long-tems, et craignez de prononcer.

Quand vous cherchez la vérité, ne pensez point à votre maîtresse, oubliez votre ami et votre ennemi, suspendez vos projets de fortune, éloignez de votre table le vin de Chiras, et de votre oreille les chants délicieux ; faites-taire vos sens et vos passions.

Soyez en garde contre les prétendus sages qui parlent avec chaleur ; ils veulent remuer en vous la passion , parce qu'ils ne peuvent éclairer l'entendement.

Souvenez-vous que nos intérêts changent souvent pour nous la nature des mots.

Voyez quel sentiment domine en vous , et combien il peut influer sur votre jugement.

De toutes les passions opposées à la raison, il n'y en a point qui lui soient plus opposées que l'opiniâtreté et la colere.

La plus grande source de nos erreurs en morale, c'est d'isoler notre félicité de la félicité universelle.

Souvenez-vous que nos devoirs nous donnent des droits, et que nos droits nous imposent des devoirs.

Occupez votre esprit , exercez votre corps si vous voulez vivre ; le paresseux attend la vie.

Il y a trois choses que l'esprit du ciel, l'Etre des êtres ne peut séparer ; ces trois choses sont la raison , la vertu active et le contentement.

Ce petit recueil de préceptes fut fort bien reçu dans Ponthiamas ; il n'y eut gueres de citoyen qui ne fît le projet de le méditer assez pour être en état d'en faire usage. Il est vrai que certains lettrés, qui faisaient les entendus, dirent à Tsou-Chou : Nous savions à-peu-près ce que vous nous avez dit. Ah ! dit Tsou-Chou, nous n'avons voulu que rapprocher des vérités trop isolées, et qui se fortifient par leur rapprochement ; nous n'avons pas prétendu vous enseigner ce que vous ne savez pas, mais vous rappeler ce que vous oubliez.

On vit bientôt tous les citoyens de Ponthiamas, le pinceau à la main, enrichir leurs lambris de vérités utiles. L'un disait en écrivant certains préceptes : voilà une bonne leçon pour mon voisin, j'espere que ses décisions ne seront plus si tranchantes. Un autre disait : si la vue continuelle de ce précepte ne corrige pas ma femme de son opiniâtreté, je ne sais pas ce qu'il y faudra faire. Cependant le plus grand nombre pensait à se servir de ces vérités pour lui-même. Elevés la plupart avec cet amour de la raison qu'on inspire des l'enfance aux Chinois, ils étaient charmés d'avoir quelques moyens de plus de devenir raisonnables ; quelques - uns même écrivirent en plus gros caractere, et placerent en plusieurs endroits de leur maison ceux des préceptes qui attaquaient certains défauts de l'esprit dont ils ne se croyaient pas exempts.

Kiang-Tsé, Tsou-Chou et Chin-Vang étaient au comble de la joie. Il n'y a pas peut-être sur la terre un plaisir plus vif et plus pur que celui du monarque ou du philosophe qui peut se flatter d'avoir rendu ses concitoyens meilleurs. J'avoue que jusqu'à présent les philosophes et les monarques ont pu rarement penser avec autant de raison que nos Chinois, que leurs travaux et leurs soins avaient perfectionné leur nation.

Kiang-Tsé, Chin-Vang et Tsou - Chou sentaient cependant qu'il manquait encore beaucoup aux instructions qu'ils avaient données ; ils cherchaient quelle sorte d'esprit était la plus propre à saisir la vérité et à s'enrichir d'un plus grand nombre de vérités ; ils cherchaient comment il fallait s'y prendre pour rendre cet esprit plus commun.

Voici leurs idées.

La justesse est sans contredit la qualité qui préserve le plus l'esprit d'erreurs ; l'homme qui n'a pas l'esprit juste, est condamné à dire des sottises et à en faire ; il ne peut réussir que dans la science qui mesure et qui calcule.

La justesse et la fausseté de l'esprit ne sont pas dans les perceptions simples, qui sont à-peu-près les mêmes dans tous les hommes ; elles sont rarement dans les premiers jugemens, qui ne sont que deux sensations réunies. On a l'esprit juste quand on ne remarque entre les êtres ou les idées que des rapports véritables; on a l'esprit faux quand on trouve entre les idées ou les êtres des rapports qui n'existent pas. On a l'esprit juste quand on part d'un principe vrai, et qu'on en tire des conséquences vraies; on a l'esprit faux quand on part d'un principe faux, ou quand d'un principe vrai on tire des conséquences fausses.

On a souvent l'esprit faux quand on a pris l'habitude d'aller du général au particulier, plus que l'habitude d'aller du particulier au général.

On peut donner trop d'extension à des principes vrais : ainsi ferait l'homme qui ne dirait pas un mensonge pour sauver la vie à son ami que cherchent des assassins. On peut ne pas donner assez d'extension à des principes vrais : c'est le cas où serait un homme qui bornerait à ne rien dire de faux, le précepte qui défend de mentir, et qui ne l'étendrait pas jusqu'à ordonner de dire la vérité utile.

L'esprit aurait beaucoup de justesse si on avait soin de lui faire prendre intérêt aux connaissances qu'on veut lui donner, si dans la premiere enfance on mettait quelques rapports entre les besoins et la vérité, entre l'augmen-

tation des jouissances et celle des connaissances.
C'est le peu d'intérêt que nous prenons aux
leçons qui rend nos idées incomplettes, inexactes.
L'esprit n'est faux que parce qu'il est borné et
présomptueux ; il manque d'observations, et
il juge, il assemble ce qui ne doit point être
assemblé ; il divise ce qui ne doit point être
divisé ; il est inconséquent, il est absurde.

Voulez-vous rendre l'esprit juste, faites-lui
sentir ses bornes, instruisez-le à voir les objets
sous toutes les faces, à en voir à part toutes les
parties, à les comparer entre elles, à les réunir
peu-à-peu, à examiner si rien ne lui est échappé :
alors il juge plus ou moins promptement, mais
sûrement.

Etendre l'esprit, c'est le rendre juste ; les
esprits étendus sont d'ordinaire plus justes que
les autres ; l'étendue de l'esprit est une de ses
qualités les plus nécessaires aux hommes destinés
à instruire ou à gouverner leurs semblables ;
sans elle, dès que nous voulons saisir des rapports éloignés, nous ne portons que des jugemens vagues et incertains ; nous ne voyons
ensemble qu'un petit nombre de ces rapports ;
nous tombons dans les contradictions ; il nous
échappe une multitude de conséquences que
nous aurions pu tirer de nos découvertes, de

nos principes, de nos actions ; enfin nous ne voyons pas nettement un grand ensemble et les rapports de ses parties.

Il y a plusieurs moyens d'acquérir ou d'augmenter l'étendue de l'esprit ; le premier est de prendre l'habitude de lier un grand nombre d'idées et d'en comparer plusieurs. Il y a dans les substances des qualités qui frappent d'abord les sens, et puis des qualités que les sens peuvent découvrir, ensuite les qualités par lesquelles les substances peuvent agir sur d'autres substances. Je montre à mon fils ce bananier dont il aime le fruit ; je lui fais d'abord observer ce fruit, et la forme de l'arbre qui le porte ; il voit plusieurs bananiers ; il avait des idées de l'individu, il en a de l'espece ; il compare ensuite cet arbre avec plusieurs autres , en choisissant toujours de préférence ceux qui peuvent intéresser son goût. Je lui fais remarquer les rapports que ces arbres peuvent avoir avec nos besoins ; je vais des rapports prochains aux rapports éloignés : comme les meubles qui remplissent ma chambre , les vaisseaux qui vont chercher des alimens, les étoffes dont je suis vêtu , les curiosités qui plaisent à mon fils ; la vue du bananier et d'autres arbres , lui rappellera dans la suite toutes ces idées.

De l'examen des arbres je passe à celui des campagnes. J'ai soin que quelque amusement ou quelques bons fruits intéressent encore l'enfant à les observer. J'y reviens avec lui plus d'une fois, je lui montre les sites, les points de vue, le genre de paysages ; je lui donne les idées des productions, des animaux, des habitans des campagnes.

Revenus à la maison, je l'interroge sur ce que nous avons vu, je l'accoutume à me répéter les noms des objets qui nous ont frappés ; j'en lie les idées dans son esprit, et peu à peu il parcourt avec moi les différentes parties d'un tout, sans perdre de vue la correspondance de ces parties qui forment un ensemble.

Pour lui faciliter ces opérations, je fixe d'abord sa pensée sur un lieu principal ou plutôt sur l'objet qui l'a le plus intéressé ; et c'est en marquant les rapports de distance, de grandeur, de couleurs, etc., qu'a cet objet avec les autres, que je lui apprendrai à se faire un grand tableau.

J'en agis de même sur plusieurs objets de nos connaissances ; et lorsque dans plusieurs genres j'ai vu que la liaison de ses idées était étendue, nette, forte, sensible, j'ai songé à l'étendre encore. J'ai porté son esprit sur les relations, les rapports de différens genres , de différentes especes. Je lui ai fait prendre des idées sommaires , je lui en fais comparer plusieurs entre elles ; il les réunit , il les sépare , il les place en ordre , et cet ordre conservé dans son esprit, a de la netteté et de l'étendue.

Je lui ai fait faire des progrès, et pour lui en faire faire de plus grands, je l'applique à celle des sciences qui demande le plus d'étendue d'esprit , et dans laquelle des philosophes estimables n'en ont pas montré beaucoup ; je veux dire, la morale.

Les différentes manieres d'être de l'homme sont infinies ; ses qualités , ses situations , ses passions , ses moyens de les satisfaire ou de les combattre, sont sans nombre. Après avoir rempli mon éleve des idées de détail que l'histoire , les voyageurs , la société lui ont données sur les hommes , je lui fais saisir les rapports de ressemblance et de différence qui sont entre les états d'une même sorte , et ensuite entre les nations. Je lui montre les chaînes qui lient d'ordinaire certaines qualités , et ce qui les sépare , et ce qui résulte de cette union ou de cette séparation. Il connaît les rapports des besoins physiques au caractere, des usages aux situations , des opinions aux lois, de l'homme à la patrie, de la

patrie

patrie au monde ; enfin ce qui est dans l'homme de la nature universelle, et dans l'homme de la nature modifiée par les circonstances.

Vous voyez que je n'ai pu chercher à rendre l'esprit étendu sans lui donner de la pénétration ; mais peut-être n'en aurait-il pas à un degré distingué, si je n'avais pas pris d'autres moyens.

En donnant de l'étendue à l'esprit de mon éleve, je lui appris, comme je vous l'ai dit, à se faire des idées sommaires, des principes généraux, à saisir des rapports éloignés entre les phénomenes, entre les êtres. Il était arrivé à des connaissances nouvelles sur ce qui a été, sur ce qui est, et même sur ce qui doit être. Je veux à présent que l'étude qu'il a faite des rapports de causes et d'effets lui apprenne à découvrir de nouveaux rapports de ce genre.

Ce qui ajoute beaucoup à la pénétration de l'esprit, c'est l'art d'écarter promptement d'une vérité principale, et dont on veut s'assurer, les vérités secondaires qui l'environnent. J'ai appris cet art à mon fils dès que j'ai voulu former sa raison. Examinons comment l'esprit étendu et l'esprit pénétrant voient la même chose. Choisissons pour exemple une montre : l'esprit étendu voit l'ensemble et toutes les parties qui la composent ; l'esprit pénétrant voit d'abord le ressort principal qui fait mouvoir la machine. Le premier en voyant la montre se rappelle les idées du tems, les portions de la vie, peut-être l'emploi qu'il en faut faire ; le second est occupé de la maniere dont le ressort principal agit sur tous les autres.

On devine bien, parce qu'on a pris l'habitude de bien voir ; et c'est pour cela que j'ai dit que les moyens de rendre l'esprit étendu servaient à le rendre pénétrant.

On pourrait cependant avoir acquis l'habitude de voir ensemble et de comparer promptement un grand nombre d'idées, sans partir souvent de ce qui est, pour deviner ce qui doit être ; cette qualité est celle qui caractérise le plus l'esprit pénétrant. Je veux donc faire prendre d'abord à mon éleve l'habitude des conjectures ; et pour le former dans l'art de conjecturer, je ne lui proposerai d'exercer son talent de découvrir ou de deviner, que sur des objets qui peuvent l'intéresser et qui lui sont bien connus ; il fait souvent usage de l'analogie : c'est un des moyens dont se servent avec succès les esprits qui veulent être pénétrans. Elle est pour eux un bon ou un mauvais guide, selon qu'ils ont plus ou moins de justesse, de connaissances réelles, et le pouvoir de faire taire les passions.

On confond quelquefois l'esprit pénétrant avec l'esprit profond : leurs différences sont cependant très-marquées; et pour les faire sentir mieux que je ne le ferais par l'analyse, je me sers encore de l'exemple de la montre : voici comment l'observe l'esprit profond.

Il met dans son examen une attention plus détaillée et plus persévérante que les deux autres esprits. L'esprit étendu n'est pas incompatible avec une certaine paresse; content de voir ce qui est dans le lointain, il n'étudie pas toujours ce qui est auprès de lui. L'esprit pénétrant se borne souvent à étudier dans les objets des propriétés qui échappent aisément aux autres observateurs, et à y découvrir des rapports de cause et d'effet. L'esprit profond regarde avec un soin extrême chacune des roues de la montre, leur action respective, celle de l'échappement, etc. Pour donner de la profondeur à l'esprit de mon éleve, je multiplie ses observations, et je lui fais suspendre ses décisions; quand il connaît d'un objet ce qu'il voulait en connaître, je lui fais soupçonner qu'il y a d'autres parties essentielles qu'il doit étudier : il se contentait d'être physicien, je le fais chymiste; je pique son amour propre, je ranime sa curiosité, et surtout je lui recommande long-tems de ne pas l'étendre à toute sorte d'objets. Je le fais passer et repasser sur une multitude d'observations; je veux qu'il sache partir de détails qui sembleraient quelquefois minutieux, mais qui le conduisent à un fait, à des résultats.

L'esprit profond parcourt peu d'objets, mais il en connaît tout ce qui lui est utile d'en connaître; il traite peu de questions, mais dans celles qu'il a traitées, il ne laisse rien d'essentiel à rechercher, et on ne peut plus les traiter après lui.

Je crois, mes chers amis, que nous chercherons les moyens de faire naître ces qualités dans l'esprit de nos enfans, en nous disant toutefois qu'il est impossible qu'ils les possedent toutes dans le degré le plus éminent. Nous serons heureux s'ils en possedent une seule au premier degré; alors ils ne seront pas totalement dépourvus des autres.

Voilà le dernier mémoire des trois Chinois; quelques personnes l'attribuent au seul Chin-Vang: j'ai su qu'il avait été distribué aux citoyens de Ponthiamas, qu'il avait été médité par la plupart d'entre eux, et que plusieurs s'étaient rendus capables d'en faire usage. Selon les dernieres nouvelles que j'ai reçues de ce pays, voici l'état où il se trouve.

Les hommes en général y sont sains, vigou-reux, agiles, adroits ; ils ont perfectionné la culture des terres ; elle a fait même plus de progrès à Ponthiamas qu'à la Chine ; elle ne s'y borne pas aux productions nécessaires, elle s'y occupe des productions agréables : la fleur qui charme l'œil par ses couleurs, ou l'odorat par ses parfums, croît à côté des légumes et des fruits savoureux et succulens. La graine qui nourrit les oiseaux qui plaisent par leur chant et par leur plumage, est semée dans des terreins arides, où des plantes plus utiles ne pourraient croître sans frais : on voit dans le pays beaucoup de bouquets de bois, aucune forêt étendue ; parce qu'elles sont les asyles des ennemis de l'homme, et parce que dans un grand espace de terre, il y a toûjours des parties peu favora-bles aux arbres, et favorables aux grains ou aux herbages.

Le pays est coupé de canaux qui répandent la fraîcheur et la fécondité ; on les borde, ainsi que les chemins, de grands arbres qui serviront un jour à la charpente ou au chauffage, et qui en attendant donnent de l'ombre, et présentent aux yeux de belles masses de verdure. On place sa maison, son bois, son jardin, de maniere qu'ils sont pour le pays une décoration. Les

plus simples chaumieres sont peintes et ver-
nissées, parce que les peintures et les vernis les
défendent de l'humidité en les embellissant. Ces
maisons sont saines et propres, les meubles
simples et commodes, les tables frugales et
voluptueuses. On y met le bonheur de la vie
dans un travail modéré qui a toujours sa récompense, dans l'exercice des vertus plutôt que dans
la réunion des voluptés. On y sait que l'homme
ne revient pas volontiers à la frugalité dont il
est sorti, aux travaux dont il s'est lassé, et ils
restent frugals et laborieux.

Ils ne demandent au ciel aucune grace, parce
qu'ils pensent qu'avec de la raison, du courage
et les secours de la société, on doit trouver
des ressources contre tous les maux de la vie.
Il n'y a pas une extrême inégalité entre les fortunes; et comme il y a plus d'envie de jouir que
de s'enrichir, plus de bon sens que de faste, il
y a de l'apparence que cette espece d'égalité
subsistera long-tems. Le commerce ne la fera
pas cesser : il n'y est pas, comme dit Platon,
l'art de voler le bien d'autrui sous la protection des lois. La justesse de l'esprit et l'équité,
qui vont presque toujours ensemble, y mettent
à l'industrie, aux denrées, au travail un prix
modéré et légitime.

Personne ne songe à dominer à Ponthiamas ; le sénat, composé de vieillards, n'a pas d'autorité : il n'a que le droit de ramener par des conseils ceux qui s'écartent de la raison, et même il partage ce droit avec tous les citoyens. La raison d'un homme n'est jamais à lui seul dans Ponthiamas ; ses lumieres sont à lui et aux autres.

Comme il n'y a point de dépendance, comme personne n'y pense mal des autres ni de lui-même, on n'y a ni le besoin d'être flatté ni l'art d'être flatteur. On n'y a conservé de la politesse chinoise que les manieres instituées pour arrêter les premiers mouvemens des passions, et donner l'habitude de faire souvent un léger sacrifice de son amour propre.

Les enfans y sont heureux dès leur enfance ; on les instruit, mais on leur permet d'être enfans : ils sont heureux par leur raison avant l'âge de la puberté ; ils savent de bonne heure qu'il faut jouir des sens, et ne point s'abandonner aux plaisirs des sens. Ils sont instruits par leurs parens et par la nature du tems qu'il faut donner au travail, au repos, aux jouissances. On leur a fait remarquer combien les passions, même les plus nobles, pouvaient les égarer ; ils savent les maîtriser, et elles les rendent heureux.

La curiosité est un instinct de l'enfance, qu'on encourage à Ponthiamas ; il y est bien dirigé, parce qu'on y sait quelles connaissances il importe le plus à l'homme d'acquérir.

Des hommes dont on a cultivé la raison dès l'âge le plus tendre, découvrent bientôt quelles sortes de sentimens les rendent heureux ou misérables ; ils nourrissent les premiers au fond de leurs cœurs, et ils y étouffent les seconds. La colere, la haine, l'envie, la méchanceté, la passion des préférences injustes sement rarement dans Ponthiamas la dissention et les chagrins.

On y voit régner l'activité et l'empire sur soi-même, l'amour de l'ordre, l'amitié, le desir de porter un sentiment agréable, et la crainte de porter un sentiment pénible dans le cœur de son concitoyen. On y est bon pour être tranquille, aimable pour être aimé, utile pour être servi.

On y parle peu, parce que tout le monde y est à-peu-près également instruit, et que la vanité n'y inspire pas l'abondance des idées sans choix. Ajoutez qu'on ne s'y ennuie jamais, et

qu'on

qu'on n'y a besoin pour s'amuser ni du bruit d'un ruisseau, ni du bruit des paroles. On y voit peu les éclats de la joie, mais une sérénité continue : il y regne cette belle harmonie qui résulte du contentement de soi-même, de la politesse, de la raison, de la douce sensibilité, de la tempérance et du plaisir.

La nature ayant mis l'homme en état de jouir de la femme et de créer son semblable avant de savoir conduire l'une et élever l'autre, il semble qu'il devrait y avoir un intervalle entre le tems de la puberté et celui du mariage. Dans les pays où l'éducation est abandonnée à des prêtres ignorans, ce tems est dangereux; alors on n'a pour les jeunes gens qu'une superstitieuse et inutile sévérité, ou une indulgence aveugle ou criminelle. Les peres à Ponthiamas prévoient ce moment, et savent, selon la méthode de Platon, le retarder par beaucoup d'exercices, par des occupations sérieuses et par une nourriture peu substantielle. C'est le tems où l'on commence à faire jouir le jeune homme de ses forces corporelles et intellectuelles. On le marie de bonne heure, mais il n'entre en ménage qu'à 22 ans. Le pere, jusques-là, conserve toute son autorité, et il se sert de l'envie de plaire qu'inspire le sentiment de l'amour pour perfectionner la raison de son fils. Il ne le laisse pas vivre librement avec sa jeune épouse; il lui fait acheter par des études utiles et par l'exercice des vertus, les plaisirs du mariage. Dans les premieres années de ses petits enfans, il préside à leur éducation.

Les femmes à Ponthiamas sont élevées avec soin; elles y savent aimer, obéir, commander et amuser. L'amour y est calme, animé, voluptueux et sage; ce n'est pas le désordre de l'imagination, c'est l'amitié qui a des sens. Cet amour est constant, parce qu'on ne l'épuise pas d'abord, et que ses plaisirs ne sont pas la ressource d'un peuple désœuvré.

Le bonheur domestique, si rare dans nos contrées, est commun dans Ponthiamas; chacun de ceux qui composent la famille a pour les autres les sentimens qu'il doit avoir : le besoin de la dissipation, de certaines institutions, des passions factices, n'y relâchent ni la chaîne des devoirs, ni celles des cœurs; on y a le tems de s'occuper, de raisonner, d'aimer et de vivre.

On y lit beaucoup l'histoire de la Chine, où l'on voit toujours l'homme heureux tant qu'il est soumis à la raison universelle, et malheureux dès qu'il ne lui obéit plus. On n'y fait aucunes recherches vaines, et l'on n'y demande jamais qu'est-ce que cette chose, sans demander en même tems, à quoi sert-elle ?

Les beaux arts y sont en honneur, et ils y servent à faire aimer la raison. Il y a des poëmes qu'on peut citer à son ami et à ses enfans pour leur rappeler leurs devoirs, et qu'on peut se citer à soi-même pour se rappeler les siens ; il y en a d'autres qui égaient l'homme dans son travail ou l'amusent dans son loisir. Ces derniers sont pleins de gaîté, ou de tableaux rians du plaisir ; en général les beaux arts servent chez ce peuple sage à faire mieux aimer ce qu'on doit aimer.

C'est surtout au besoin de consulter la raison des autres, à ce besoin si commun dans Ponthiamas, que les vieillards doivent une partie des soins, des attentions et des égards qu'on a pour eux ; les jeunes gens et les enfans les regardent comme des dieux, qui leur montrent la route du bonheur. Ils inspirent cette sorte de bienveillance vertueuse qui naît de l'estime et de la piété ; ceux même qui parviennent à la décrépitude sont honorés comme de respectables monumens. Enfin, depuis sa naissance jusqu'à sa mort, l'homme jouit dans cette heureuse contrée, sans ivresse mais sans interruption, des dons de la nature, de ses sens, de la bienveillance des autres, de l'amour, de l'amitié, du travail, de sa raison, de la paix avec tout le monde et avec lui-même. *C'est un beau pays que Ponthiamas.*

Fin du Tome premier.

www.ingramcontent.com/pod-product-compliance
Lightning Source LLC
LaVergne TN
LVHW050304060726
842525LV00002B/409